500 réponses À TOUTES TES QUESTIONS

des plus sérieuses aux plus farfelues !

Textes :
Marc Beynié • Pascale Bouchié • Matthieu Faramus
Bertrand Fichou • Érick Frank • Aude Loyer Hascoët
Pauline Payen • Frédérique Schneider • Nathalie Tordjman

Conception graphique : Studio Bayard Éditions/ Matthieu Lor
500 réponses à toutes tes questions a été conçu à partir de la rubrique « Toutes tes questions » du magazine Images Doc, édité par Bayard Jeunesse.

L'éditrice remercie chaleureusement Telma Breul et Amandine Schneider pour leur aide précieuse sur le suivi éditorial de cet ouvrage.

15 boulevard Gabriel Péri
92240 Malakoff
ISBN : 979-10-363-6665-9
Dépôt légal : avril 2025

Loi n° 49-956 du 16 juillet 1949 sur les publications destinées à la jeunesse.
Imprimé par Florjancic Tisk en Slovénie

FSC
www.fsc.org
MIXTE
Papier | Pour une gestion forestière responsable
FSC® C106954

L'ANTI-ENCYCLO DES CURIEUX

500 réponses À TOUTES TES QUESTIONS

des plus sérieuses aux plus farfelues !

BayardJeunesse

Qui choisit les mots du dictionnaire

ultra-trail

trottinettiste

Ghoster

Ce sont les éditeurs. Ils ajoutent chaque année des mots dans leurs dictionnaires. Ils emploient des lexicographes, des spécialistes de la langue. Ceux-ci enquêtent pour trouver les nouveaux mots utilisés par la plupart des gens. En 2020, ont été ajoutés par exemple, « bioplastique » (plastique biodégradable) et « divulgâcher » (révéler trop tôt la fin d'une histoire).

Écoanxiété

Flexoffice

Qui a inventé les noms de famille ?

Illustration : Loïc Méhée

En Europe, ils remontent au Xe siècle. Comme les gens étaient de plus en plus nombreux, le prénom ne suffisait plus à les distinguer. On a ajouté un surnom, devenu un nom de famille, **souvent lié à l'aspect, au lieu, au métier : Petit, Dubois, Boucher...**

Pourquoi rêve-t-on la nuit ?

Rêver permet au cerveau de faire le ménage ! Cela se produit quand la partie du cerveau qui nous rend conscients est au repos. Lors des rêves, le cerveau range les souvenirs et les émotions que l'on a ressenties éveillé. Les rêves servent aussi à mémoriser ce que l'on apprend. Le plus souvent, on n'a aucun souvenir de nos rêves, alors que l'on en fait chaque nuit !

Illustration : Marion Puech

gla-gla

POURQUOI fait-il moins chaud en haut des montagnes qu'en bas ?

C'est à cause de l'air ! Il forme une couche tout autour de la Terre. Cette couche retient une partie de la chaleur du Soleil. Mais elle n'est pas uniforme : l'air est plus dense au niveau de la mer et il le devient de moins en moins en altitude. Ainsi, l'air est capable de retenir plus de chaleur en bas des montagnes qu'en haut. On constate même que sa température baisse de 1 degré tous les 100 mètres.

Est-ce que les chiens ont été utilisés pendant la Première Guerre mondiale ?

Oui, 100 000 chiens ont servi pendant la guerre de 1914-1918. Certains transmettaient des messages, transportaient des armes, des munitions ou de la nourriture. D'autres étaient chargés de retrouver des blessés. Chaque animal possédait un livret militaire, une plaque d'identité et un équipement particulier en fonction de sa mission, comme un masque à gaz, par exemple. À la fin de la guerre, quelques chiens ont même reçu une médaille pour leur bravoure !

Qui a inventé l'écriture ?

Les Sumériens. Il y a 5 300 ans, en Mésopotamie, le commerce s'est développé et on a eu besoin de garder une trace écrite des échanges.

Illustration : Noëlle Letzelter

Combien de galaxies existe-t-il ?

Impossible de toutes les compter même avec des télescopes géants ! Alors, les scientifiques ont calculé la quantité de matière présente dans tout l'Univers et ils ont estimé qu'il y a **2 000 milliards de galaxies !**

Qui a inventé les pointes en danse classique ?

Les pointes sont des chaussons qui permettent aux danseuses et aux danseurs classiques de tenir debout… sur l'extrémité de leurs doigts de pied.
Ce sont les danseuses qui les ont inventées au fil du temps. En 1832, la ballerine Marie Taglioni est la première à avoir dansé sur pointes pendant tout un ballet.
Ses chaussons étaient renforcés uniquement par des points de couture.

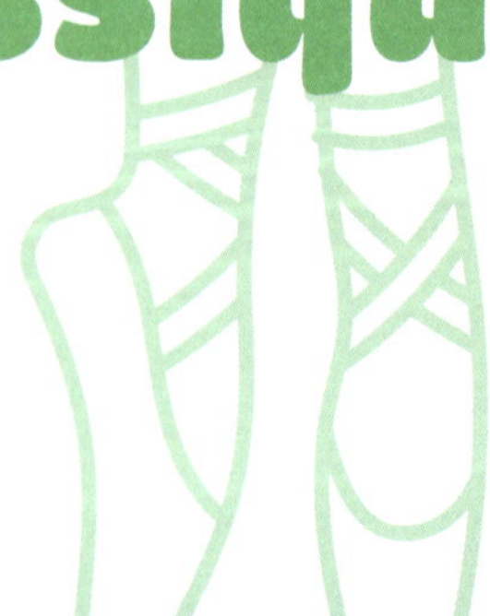

Sherlock Holmes a-t-il vraiment existé ?

Non ! C'est un personnage inventé par l'écrivain écossais Sir Arthur Conan Doyle, au XIXe siècle. Ce brillant détective privé résout des crimes mystérieux grâce à son sens de l'observation et à son excellente mémoire.

Illustration : Laurent Audouin

Les vaches sont-elles impliquées dans le réchauffement climatique ?

Oui, de plusieurs façons ! En ruminant leurs aliments, les vaches émettent un gaz, du méthane, qui contribue au réchauffement de l'atmosphère. De plus, quand elles sont nourries avec du soja – parfois cultivé à la place de forêts tropicales puis transporté depuis l'Amérique du Sud dans le monde entier –, cela dégage du dioxyde de carbone, un autre gaz qui participe au changement climatique.

Qui a inventé la montre ?

C'est Peter Henlein, un horloger allemand, au XVIe siècle. Sa montre avait la forme d'un œuf. Un anneau permettait de la porter au bout d'une chaîne passée autour du cou. Puis la montre s'est aplatie et les hommes l'ont portée dans leur gousset, une petite poche du gilet, jusqu'au début du XXe siècle.

Pourquoi mange-t-on des œufs en chocolat à Pâques ?

Illustration : Clémence Lallemand

Parce que l'œuf est le symbole de la vie ! Et à Pâques, première grande fête chrétienne du printemps, on célèbre la résurrection du Christ et la fin du carême. Au Moyen Âge, durant le carême, les chrétiens ne devaient pas manger d'œufs. Pour fêter la fin de cette période de jeûne, on s'offrait des œufs. Au XVIIIe siècle, on a eu l'idée de les vider pour les remplir de chocolat. Les premiers œufs tout en chocolat ont été fabriqués par les chocolatiers au XIXe siècle.

Qu'est-ce qu'un grain de beauté ?

C'est une tache formée par l'accumulation de cellules spéciales de la peau, les mélanocytes. Ces derniers fabriquent un produit foncé, la mélanine, qui nous protège du soleil en nous permettant de bronzer. Pourtant, les grains de beauté ne sont pas tous marron ; certains sont plutôt rosés ou même bleutés.

Qui a inventé le ping-pong ?

C'est David Foster qui a inventé le tennis de table, en 1890. Cet Anglais s'est inspiré d'un jeu de la riche société anglaise. Les bourgeois s'envoyaient un bouchon de champagne sur une table, en utilisant des boîtes à cigares comme raquettes et des livres comme filet. Cet amusement à la fin des repas est à l'origine du ping-pong !

Illustration : Sébastien Touache

Pourquoi dans le logo des pharmacies, il y a un serpent ?

Dans l'Antiquité, **le serpent était le symbole de la santé et de la guérison.** Sa mue était associée à une renaissance, à un renouvellement de la vie. Cet animal représentait aussi le savoir, parce qu'il fallait être initié pour recueillir son venin. Ce liquide toxique était utilisé pour soigner certaines maladies. Le serpent représenté sur le caducée* des pharmaciens est une couleuvre, elle n'est pas dangereuse pour l'humain.

*Le symbole des pharmaciens.

Est-ce que les arbres parlent entre eux ?

Illustration : Isacile

Oui ! Les arbres communiquent entre eux. Ils le font de plusieurs façons. Ils peuvent échanger des produits chimiques qu'ils libèrent dans l'air. Ils s'envoient aussi des signaux dans le sol, à travers les longs filaments souterrains des champignons qui relient leurs racines. Souvent, ces signaux sont envoyés pour s'entraider : un arbre attaqué prévient les autres autour !

Pourquoi, lorsque l'on reste longtemps dans le bain, nos doigts sont fripés ?

Cette transformation de la peau se produit quand tu restes au-delà d'une dizaine de minutes dans l'eau. Elle est déclenchée par le cerveau. **Ces plis très prononcés de la peau à l'intérieur des mains et des pieds la rendent encore plus antidérapante.** Il est alors possible de saisir des objets lisses dans l'eau et de marcher sur des surfaces mouillées sans glisser !

Combien de temps a pris la construction de la tour Eiffel ?

Illustration : Éric Meurice

2 ans, 2 mois et 5 jours !
Inaugurée en mai 1889, la tour Eiffel était appelée « la tour de 300 mètres ». C'était le monument le plus haut du monde à l'époque.

C'est quoi, le décalage horaire ?

C'est la différence d'heure entre deux pays situés dans des fuseaux horaires différents. Sur Terre, il existe 24 fuseaux horaires, selon la position du pays par rapport à l'éclairement du soleil. Par exemple, il y a dix heures d'écart entre l'Australie et la France. Le décalage horaire, c'est aussi la fatigue ressentie au retour d'un pays lointain, à cause du changement d'heure.

Qu'est-ce qu'une croisade ?

Les croisades sont des expéditions militaires du Moyen Âge. En 1095, le pape Urbain II a demandé aux chrétiens d'aller conquérir Jérusalem, la ville où se trouve le tombeau de Jésus. Jérusalem était alors aux mains des musulmans. Des chevaliers chrétiens sont partis, durant deux siècles, pour se battre en Orient. Huit croisades ont eu lieu et ont fait de nombreux morts. Néanmoins, elles ont aussi permis de multiples échanges entre l'Europe et l'Orient.

Qui a inventé le skateboard ?

Illustration : Thérèse Bonté

On ne sait pas qui a inventé le skate, mais il apparaît en Californie dans les années 1950. À l'époque, c'était une simple planche en bois avec des roulettes. Ce sport, inspiré du surf, procure aussi de belles sensations de glisse !

Pourquoi transpire-t-on quand on court ?

La transpiration sert à régler la température de ton corps quand tu fais du sport. Tes muscles activent des glandes qui produisent de la sueur. La sueur s'évapore à la surface de ta peau. Ainsi, elle crée un refroidissement qui régule ta température. Les grands coureurs perdent jusqu'à 3 litres de sueur par heure !

Notre coeur a-t-il vraiment une forme de cœur ?

Pas vraiment ! Cette représentation date de l'Antiquité. **Elle a été inspirée par la feuille de lierre.** En vrai, le cœur humain se termine presque en pointe vers le bas.

Illustration : Laurent Audouin

Pourquoi fait-il froid au pôle Sud et chaud en Afrique du Sud ?

La Terre est séparée en deux par une ligne imaginaire : l'équateur. Au nord de cette ligne, c'est l'hémisphère Nord ; au sud, l'hémisphère Sud. Ces hémisphères ont chacun un pôle où il fait froid, des zones tempérées avec quatre saisons et des zones tropicales où il fait toujours chaud. Or, **l'Afrique du Sud se trouve près d'une zone tropicale, alors il y fait plutôt chaud.**

Illustration : Corcal

Pourquoi les fleurs ont-elles des pétales ?

Les pétales ont de nombreuses fonctions. **Ils protègent les organes sexuels** situés au centre de la fleur. Les pétales de **couleur vive attirent** les insectes pollinisateurs, **et ils leur servent de piste d'atterrissage.** Des chercheurs pensent aussi que les pétales permettent aux plantes de **bien percevoir les sons…** comme le font nos pavillons d'oreille !

Qu'est-ce que c'est, la science-fiction ?

C'est un genre de romans, de BD ou de films qui se passent dans un monde futur. Souvent les auteurs s'inspirent des connaissances scientifiques actuelles pour imaginer une histoire fantastique qui se déroule sur Terre ou dans l'espace. Par exemple, le film *Avatar* raconte la rencontre d'un humain, Jake, et d'une extraterrestre, Neytiri, sur la planète Pandora.

Qui a inventé la roue ?

On pense que la roue a été inventée par les Sumériens, il y a plus de 5 000 ans. Ce peuple vivait au sud de l'Irak actuel, un pays du Proche-Orient. Un dessin de cette époque montre un chariot sur des roues en bois. Les Sumériens ont en effet eu l'idée de percer un trou au milieu d'une forme en bois ronde et d'y mettre un axe. La roue était née et cela a révolutionné le transport des personnes et des marchandises.

Combien y a-t-il de signes dans l'écriture chinoise ?

L'écriture chinoise compte près de **50 000 signes,** appelés « idéogrammes ». Mais seuls 5 000 idéogrammes sont très utilisés. Chaque signe, composé d'un ensemble de traits, représente un objet ou une idée.

Illustration : Éric Meurice

Les sirènes existent-elles ?

Les sirènes sont des créatures imaginaires, mi-femmes mi-poissons dans les légendes des pays du Nord. On disait qu'elles vivaient au fond de l'eau et que leur chant détournait les marins pour qu'ils fassent naufrage.

Pourquoi les Grecs sculptaient les gens nus ?

En Grèce antique, les sculpteurs et les peintres reproduisaient souvent le corps humain nu, car **ils voulaient montrer la beauté idéale.** Ils sculptaient des corps musclés et parfaits en prenant pour modèles de jeunes hommes ou des athlètes. Certaines statues représentaient aussi des dieux, comme Apollon, divinité de la Beauté, ou Aphrodite, déesse de l'Amour.

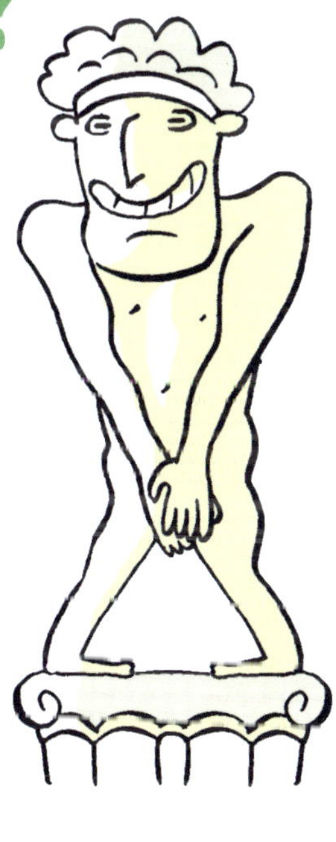

Illustration : Laurent Audouin

Qui a créé l'Union européenne ?

Illustration : Benjamin Lefort

Après la Seconde Guerre mondiale, l'Allemagne et la France ont fait la paix et elles ont décidé de se rapprocher. En 1950, ces deux pays ont mis en commun leur production de charbon et d'acier. Puis, ils ont fait des projets ensemble et ont été rejoints par d'autres pays d'Europe. Aujourd'hui, 27 pays composent l'Union européenne.

Illustration : Joëlle Dreidemy

Pourquoi le parfum sent-il ?

Le parfum est un mélange de plusieurs odeurs. Celles-ci peuvent être constituées d'un ou de plusieurs composés chimiques. **Ces composés deviennent des odeurs parce qu'ils s'échappent très facilement dans l'air.** On dit qu'ils sont volatils. Et notre nez est capable de détecter une infinité de molécules grâce à ses 400 récepteurs.

Les crins des chevaux sont-ils de la même matière que nos cheveux ?

Oui ! Les crins de cheval et nos cheveux sont faits dans la même matière : la kératine. Les crins sont situés au niveau de la crinière, le long de l'encolure et de la queue. Ils sont plus longs, plus épais et plus rigides que les autres poils. Ils protègent le cheval de la pluie et des insectes. Les crins de la crinière jouent aussi un rôle dans le maintien de la température du corps du cheval.

Comment est fait le Taj Mahal ?

Ce monument, situé en Inde, dans la ville d'Agra, est construit en marbre blanc. Au XVIIe siècle, l'empereur Shah Jahan a fait bâtir cet immense tombeau pour abriter le corps de sa femme, Mumtaz Mahal, morte en donnant naissance à leur 14e enfant. Le Taj Mahal est le monument le plus connu d'Inde.

Illustration : Loïc Méhée

C'est quoi la Voie lactée ?

C'est un endroit du ciel nocturne où les étoiles sont tellement nombreuses qu'elles forment une bande claire, blanche un peu comme du lait. Alors on l'a appelé : la Voie lactée.

C'est quoi la laïcité ?

En 1905, en France, on a voté une loi pour séparer l'État et la religion. Ce qui veut dire que l'État ne peut pas imposer une religion ni l'interdire. Ce n'est pas le cas dans tous les pays. En France, chacun est libre d'avoir ou de ne pas avoir de religion. Que l'on soit chrétien, musulman, juif, bouddhiste… on peut pratiquer sa religion dans des lieux prévus pour cela. La laïcité nous permet de vivre ensemble même si nous sommes différents.

À l'école, il existe une charte de la laïcité. Il s'agit d'un règlement qui interdit le rejet, les violences et les discriminations envers un enfant, selon sa religion ou son genre.

Qui a inventé la petite souris ?

Plusieurs histoires ont inspiré la légende de la petite souris ! Un conte français du XVIIe siècle, *La bonne petite souris*, a pour héroïne une fée qui se transforme en souris et se cache sous l'oreiller d'un roi. Un conte anglais du XXe siècle, *The Tooth Fairy* (La fée des dents), raconte une histoire d'échange de dents de lait contre de l'argent.

POURQUOI les humains ont-ils eu besoin du feu ?

Il y a 500 000 ans, les humains ont inventé les techniques pour allumer un feu. Le feu a transformé leur vie. Il permettait **de se chauffer, de s'éclairer, de cuire les aliments.** Il éloignait les bêtes sauvages qui ont peur du feu parce que cela brûle. Et il a aidé au **développement du langage**, car les humains aimaient se raconter des histoires autour du feu. Hier, comme aujourd'hui.

Pourquoi Cléopâtre s'est-elle suicidée ?

En 30 avant J. C., Cléopâtre, reine d'Égypte, meurt dans son palais d'Alexandrie. Elle a 39 ans. Peu avant, **elle a perdu la guerre face à Octave, un chef romain.** Elle est aussi désespérée car Marc Antoine, son amant, et le rival d'Octave, s'est tué. Les historiens de l'Antiquité racontent qu'elle s'est suicidée, mordue par un serpent venimeux, l'aspic.

Pourquoi le vendredi 13 porte malheur ?

Cette superstition vient de la religion chrétienne. On peut lire dans les Évangiles que pour son dernier repas (la Cène), Jésus est à table avec les 13 apôtres. L'un d'eux, Judas, va le trahir et entraîner sa crucifixion, qui a eu lieu un vendredi. Voilà pourquoi certains pensent qu'être 13 à table porte malheur. D'autres évitent de faire des choses exceptionnelles le vendredi 13.

Illustration : Loïc Méhée

Qui était Magellan ?

Illustration : Jérôme Anfré

Fernand de Magellan est un navigateur portugais du XVIe siècle. En 1519, cinq navires quittent l'Espagne, avec 250 hommes à bord. Au sud de l'Amérique, Magellan découvre un passage qui va de l'Atlantique au Pacifique, aujourd'hui appelé « détroit de Magellan ». En 1521, il est tué aux Philippines. En 1522, un seul bateau revient en Espagne, avec 18 survivants. Le premier tour du monde a été accompli !

Pourquoi les arbres poussent-ils droit ?

En poussant bien droit, l'arbre profite en hauteur de plus de lumière. Les chercheurs ont découvert qu'un arbre ressent dans quelle position il se trouve. Il sait que ses racines poussent vers le bas, et ses bourgeons, vers le haut. Même s'il est dans le noir, l'arbre réajuste sa position droite, au fur et à mesure qu'il grandit.

Pourquoi les fromages ont-ils des goûts différents ?

Le goût du fromage provient en grande partie du lait utilisé (lait de vache, chèvre ou brebis), mais pas seulement. En effet, la composition du lait change légèrement d'une race à une autre, et l'alimentation des animaux (foin, herbe fraîche, fleurs) influence aussi son goût. Et puis chaque fromage est préparé et affiné d'une façon spéciale.

À quoi servent les coussinets du chien ?

Les coussinets se trouvent sous les doigts au bout des pattes du chien. **Ce sont des semelles naturelles !** À cet endroit, la peau est très épaisse. Les coussinets amortissent les pas de l'animal. Et ils lui permettent de marcher et de courir sur tout type de sol : des cailloux, du sable, un sol mouillé ou froid... Les coussinets sont très importants pour le chien, alors il faut y faire attention !

Le sport est-il un métier ?

Football, tennis, boxe, escrime…
Certains athlètes sont payés pour pratiquer le sport qu'ils aiment. Ce sont des sportifs professionnels. Le sport est leur métier. Dès leur plus jeune âge, ils suivent une formation intensive dans un club. Leur objectif est de devenir les meilleurs dans leur discipline et de faire de la compétition.

Illustration : Isacile

D'où vient l'expression « tomber dans les pommes » ?

Illustration : Loïc Méhée

Cette expression viendrait de la romancière George Sand. Elle aurait écrit dans une lettre qu'elle était « dans les pommes cuites », c'est-à-dire très fatiguée. Peu à peu, cette expression a été utilisée pour parler d'évanouissement !

Comment mon cheval peut-il dormir debout ?

Le cheval possède des muscles particuliers qui bloquent ses pattes, et le maintiennent debout, sans efforts, quand il somnole. Mais un cheval dort peu, environ 3 heures par jour, et seulement d'un œil car il se tient toujours prêt à détaler ! En effet, la fuite est son seul moyen de défense, lui qui n'a ni griffes ni cornes. Les poulains sont protégés par les adultes, alors ils se couchent souvent.

Illustration : Jérôme Sié

Qui a inventé les nouilles ?

Les Chinois ! Les plus vieilles pâtes du monde ont été retrouvées en Chine, dans un pot. Elles auraient 4 000 ans !

Pourquoi Big Ben porte ce nom ?

Big Ben n'est pas le nom de la tour de l'horloge du palais de Westminster, à Londres. C'est, en fait, **le surnom de la grosse cloche qui sonne les heures** dans cette tour. Ce surnom était sans doute celui de Benjamin Hall, un ingénieur qui a participé à la construction de la tour, au XIXᵉ siècle. La cloche pèse 13,7 tonnes !

Quel est le plus grand château du monde ?

Illustration : Jérôme Sié

C'est le château de Versailles, en France. Il a été construit au XVIIe siècle pour le roi Louis XIV. Il compte 2 300 pièces et un immense parc, où l'on peut se promener entre le Petit et le Grand Trianon, l'Orangerie, le Hameau de la Reine et les bassins.

Peut-on vivre sans se laver ?

Ne pas se laver ne met pas la vie en danger immédiatement, mais cela a des effets sur la santé : **sans nettoyage régulier, les bactéries se développent sur la peau.** On risque de les absorber ou d'infecter une plaie. En plus, les bactéries sentent mauvais !

Pourquoi le pop-corn est-il populaire au cinéma ?

À la fin du XIXe siècle, un Américain invente un chariot ambulant sur lequel il fait cuire du maïs. C'est un gros succès, car **on admire l'explosion des grains dans une boîte vitrée.** Ces chariots se retrouvent devant les premiers cinémas. Puis les cinémas installent des stands de pop-corn et de boissons dans leurs halls. Et cela leur rapporte plein d'argent.

Illustration : Benjamin Lefort

QUI était Frida Kahlo ?

Frida Kahlo était **une artiste peintre et une militante politique mexicaine du xxe siècle.** À 18 ans, à la suite d'un accident, elle est devenue handicapée. Dans ses tableaux, elle évoque ses douleurs et la richesse de la culture traditionnelle de son pays. Elle a peint de nombreux autoportraits, où on la reconnaît à ses cheveux et ses sourcils très noirs. Sa maison bleue située à Mexico est devenue un musée.

Qui a inventé le cirque ?

Le cirque tel que nous le connaissons a été inventé par l'Anglais Philip Astley, au xviiie siècle. Il s'agit d'un spectacle équestre en plein air, sur une piste circulaire.

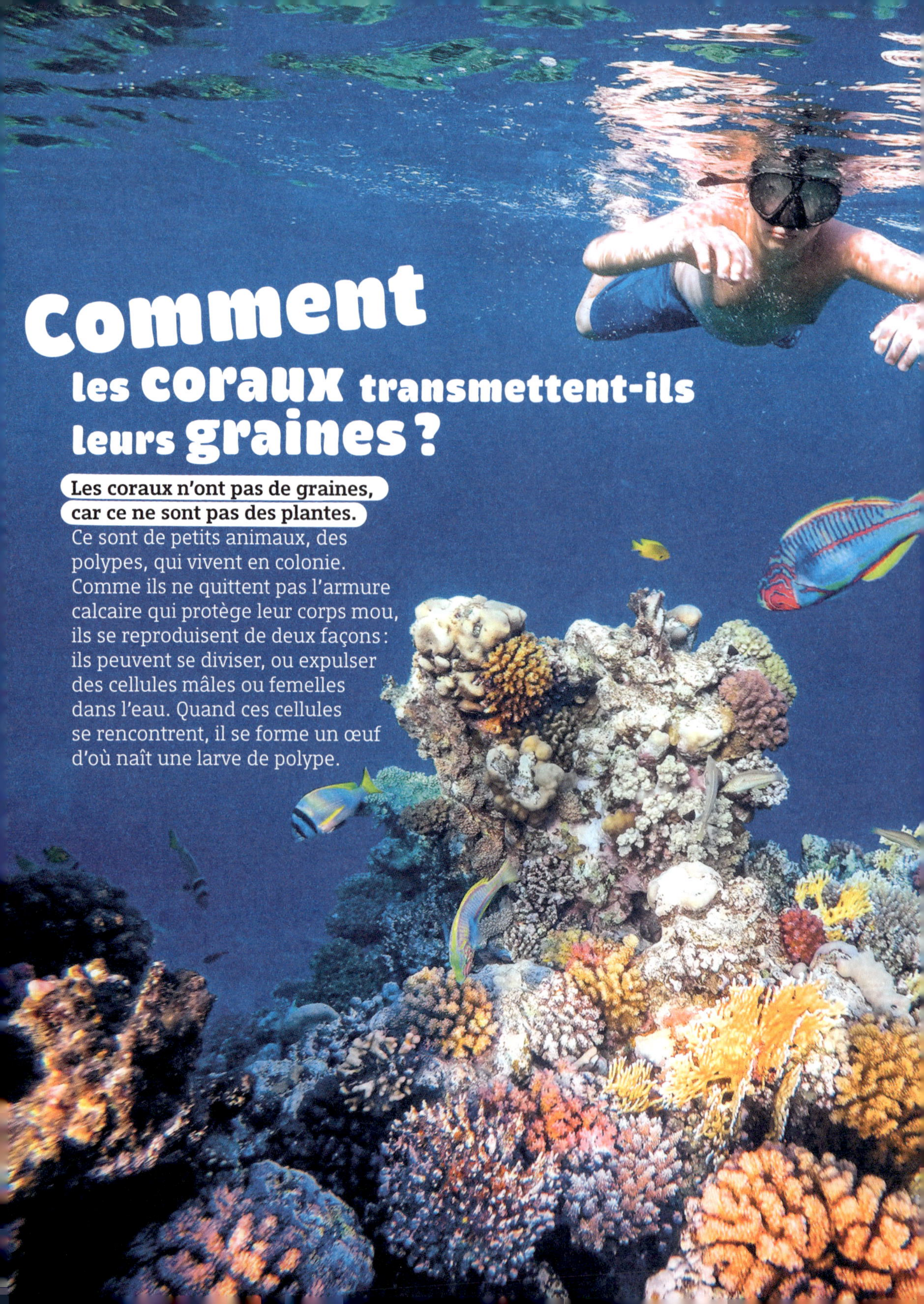

Comment les coraux transmettent-ils leurs graines ?

Les coraux n'ont pas de graines, car ce ne sont pas des plantes. Ce sont de petits animaux, des polypes, qui vivent en colonie. Comme ils ne quittent pas l'armure calcaire qui protège leur corps mou, ils se reproduisent de deux façons : ils peuvent se diviser, ou expulser des cellules mâles ou femelles dans l'eau. Quand ces cellules se rencontrent, il se forme un œuf d'où naît une larve de polype.

Depuis quand les capitales existent-elles ?

Depuis l'Antiquité. Les royaumes de Mésopotamie (actuel Irak) rassemblaient en un même lieu le palais du roi, le trésor des impôts, les grands temples… Ur ou Babylone furent les premières capitales de ces royaumes.

Illustration : Laurent Audouin

Pourquoi dit-on que le trèfle à quatre feuilles porte bonheur ?

Parce qu'il est très rare ! Il existe un trèfle à quatre feuilles pour dix-mille trèfles à trois feuilles. Sais-tu que les collectionneurs de trèfles à quatre feuilles sont des ultratrifoliophiles ?

Qui a inventé le hip-hop ?

Le hip-hop, c'est un art et un mode de vie inventés par les jeunes Noirs américains, à New York, dans les années 1970. C'est une danse acrobatique qui consiste à enchaîner des figures spectaculaires au sol ; c'est aussi l'art du DJ (disc-jockey) qui « scratche » des disques. C'est enfin le fait de peindre des graffitis sur les murs et les trottoirs.

Illustration : Sylvain Frécon

Qui était Attila ?

C'était le chef des Huns. Au ve siècle, ce peuple venu d'Europe centrale a envahi l'Empire romain. Attila a d'abord attaqué en Orient, avant de se tourner vers la Gaule où il a semé la terreur. «Là où passe Attila, l'herbe ne repousse pas»: c'est ce que disaient les habitants des pays qu'il a traversés.

Pourquoi les grands-mères ont-elles des lunettes sur le bout du nez ?

Les grands-pères sont aussi concernés. En effet, **on a tous la vue de près qui baisse, entre 40 et 50 ans** : c'est la presbytie. Beaucoup de presbytes portent des lunettes en demi-lune sur le bout du nez, pour lire et écrire.

Illustration : Jérôme Anfré

Combien y a-t-il d'habitants et de pays sur Terre ?

Depuis 2024, nous sommes 8,2 milliards de Terriens. 197 pays sont reconnus par l'Organisation des Nations unies, l'ONU. Car, pour être un pays, il faut être reconnu par les autres pays. Et c'est là que ça se complique! Par exemple, le Kosovo ou Taïwan se sont proclamés indépendants, mais ils ne sont pas reconnus par l'ONU.

Comment fabrique-t-on le chocolat ?

Le cacaoyer est un arbre qui pousse sous les tropiques. Ses fruits, les cabosses, ressemblent à des ballons de rugby. Ils contiennent des fèves qui sont grillées et transformées en pâte de cacao. Cette pâte chauffée et versée dans des moules devient tablette, lapin, œuf... Les Suisses sont les plus gros mangeurs de chocolat : 12 kilos par an.

Pourquoi les Schtroumpfs sont-ils bleus ?

Ces célèbres lutins ont été dessinés en noir et blanc par Peyo. C'est sa femme, Nine Culliford, qui les a coloriés. Mais pourquoi a-t-elle choisi du bleu ? Selon elle, en rouge, les Schtroumpfs auraient eu l'air en colère. En jaune, ils auraient eu mauvaise mine. En vert, on les aurait confondus avec la végétation, car ils vivent dans la forêt. Quant au rose, c'est une couleur « trop humaine ». Ainsi, elle a retenu le bleu pour les lutins chassés par Gargamel !

C'est grand comment, une étoile ?

Illustration : Patrick Cerf

Pour donner la taille d'une étoile, on la compare à celle du Soleil, car le Soleil est l'étoile qu'on connaît le mieux. Il mesure 1 392 684 km de diamètre. **La plus petite étoile connue est 10 fois plus petite que le Soleil** ; et la plus grosse, 1 700 fois plus grande ! Mais elle n'est pas la plus brillante. Car, si les étoiles grossissent en vieillissant, elles brillent de moins en moins.

POURQUOI la pollution change-t-elle le climat ?

Illustration : Corcal

Certains gaz polluants émis par nos voitures, nos usines, nos habitations s'accumulent dans l'atmosphère. Malheureusement, ils **empêchent la chaleur de se disperser dans l'espace**. Ces pollutions ont déjà provoqué un réchauffement global de la Terre de 1°C, entraînant plus de canicules, de sécheresses et de tempêtes.

Quand l'école a-t-elle été créée ?

L'école existait déjà dans l'Antiquité. En Égypte, en Chine, en Grèce, dans l'Empire romain, on apprend aux enfants à lire et à écrire. Mais seuls les enfants de rois ou issus de familles riches y vont. Et souvent, les filles n'ont pas accès à l'école. Au XIXe siècle, en France, peu d'enfants sont scolarisés. La plupart travaillent, dans les champs, dans des usines ou des mines. La IIIe République, créée en 1870, cherche à protéger les enfants et à les envoyer à l'école. C'est ainsi qu'en 1882, le ministre Jules Ferry fait voter une loi qui rend l'instruction gratuite et obligatoire pour tous les enfants de 6 à 13 ans ; et laïque, ce qui signifie sans rapport avec la religion.

À quoi ressemblait l'ancêtre terrestre de la baleine ?

Les chercheurs viennent de trouver un fossile, au Pérou, qui donne de nouvelles indications sur les ancêtres des baleines. Jusque-là, le plus ancien fossile de cétacé connu, appelé Pakicetus, était terrestre. Il vivait au bord de l'eau en Asie, il y a 50 millions d'années. De la taille d'un chien, il courait sur quatre pattes munies de sabots. *Peregocetus pacificus*, le nouveau spécimen, date de 42,6 millions d'années. Mais ce cétacé quadrupède était amphibie. Il mesurait 4 mètres. D'après les vertèbres de sa queue, les chercheurs estiment qu'**il pouvait à la fois marcher et nager comme une loutre**. Il aurait ainsi pu traverser l'océan Atlantique Sud, à l'époque deux fois moins large.

Pourquoi y a-t-il des cailloux entre les rails des trains ?

Ces cailloux s'appellent le ballast. **Ils servent à bloquer les rails sur le sol,** car ces derniers ne sont pas fixés mais seulement posés. De plus, le ballast amortit les vibrations provoquées par le passage des trains.

Illustration : Laurent Audouin

De quoi les chiens rêvent-ils ?

Difficile de le savoir exactement, mais des scientifiques américains ont montré que **les mammifères**, dont les chiens, **rêvent de situations vécues durant leur journée...** comme les humains ! Autre découverte : la taille du chien détermine la durée de ses rêves. Pendant son sommeil, un chihuahua fait plusieurs rêves courts, alors qu'un gros chien en fait moins, mais de plus longs. Par ailleurs, un chien qui dort bien fait mieux travailler sa mémoire.

Pourquoi avons-nous des aphtes ?

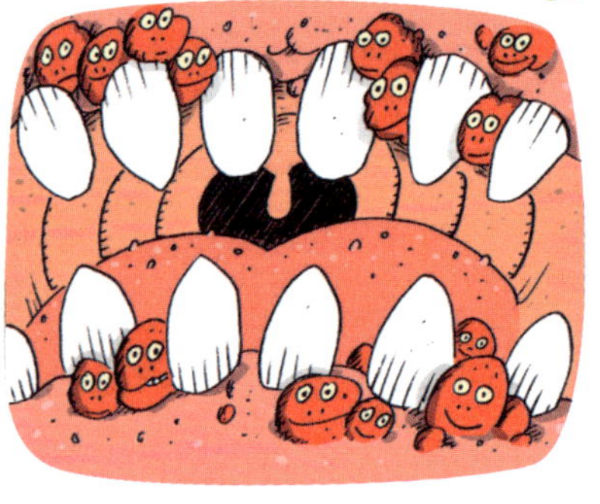

Illustration : Corcal

Les aphtes sont souvent provoqués par des morsures, une allergie ou par certains aliments. Mais on n'en connaît pas bien la cause. Il s'agit d'une plaie, que l'on appelle un ulcère. C'est une destruction d'une partie de la peau. L'aphte n'est pas contagieux, car il n'est pas dû à un microbe. Il se soigne tout seul en quelques jours.

D'où vient le pétrole ?

Le pétrole provient des restes de plantes et d'animaux morts tombés au fond de la mer, il y a des millions d'années. Ces restes ont été recouverts par une sorte de sable appelé des sédiments. Cette matière organique a fini par être emprisonnée entre 2 500 et 5 000 mètres sous terre. Or, à cette profondeur, la température avoisine les 100 degrés ! Ce qui a provoqué leur lente transformation en pétrole.

Pourquoi trouve-t-on une fève dans la galette des Rois ?

Chaque année, le premier dimanche de janvier, nous partageons la galette des Rois. Et chacun espère avoir la fève pour être le roi ou la reine ! Pour les chrétiens, l'Épiphanie célèbre le moment où les Rois mages, venus d'Orient, ont remis leurs cadeaux à l'Enfant Jésus qui venait de naître à Bethléem. Pendant l'Antiquité, les Romains tiraient déjà les rois pour fêter le solstice d'hiver, jour le plus court de l'année. Lors de cette fête, qui pouvait durer une semaine, les maîtres et les esclaves se retrouvaient tous ensemble. **Celui qui trouvait la fève de haricot dans le gâteau devenait le roi de la fête !**

D'où vient la fièvre ?

La fièvre est une manière de se défendre quand nous sommes malades. En effet, la température normale du corps se situe autour de 37 degrés. Dans ces conditions, les microbes se portent très bien. Mais la plupart sont affaiblis s'il fait plus chaud. Ainsi, le corps se soigne en augmentant sa température. Attention : si la température s'élève au-dessus de 40 °C, le corps est en danger.

QUI a inventé le solfège ?

Illustration : Clémence Lallemand

C'est l'Italien Guido d'Arezzo qui aurait inventé le solfège au XIe siècle. Ce moine bénédictin aurait créé cette méthode de lecture de la musique pour aider les moines de son monastère à apprendre le chant.

Pourquoi le chat ronronne-t-il ?

Un chat ronronne pour exprimer une forte émotion. Beaucoup de chats ronronnent quand ils se sentent bien, par exemple lorsqu'on les caresse. Mais certains le font aussi quand ils sont stressés ! Les chats utilisent ce mode de communication entre eux, et ils s'en servent aussi avec les humains. Si un chat comprend qu'on lui donne à manger quand il ronronne, il peut ronronner pour réclamer de la nourriture !

En quoi consiste le métier d'acteur ?

Être acteur ou actrice, c'est jouer des rôles pour des films, des pièces de théâtre, des séries télé... Le spectateur doit croire aux personnages incarnés par l'acteur et être séduit par sa voix, ses gestes, sa grâce. Ce métier artistique s'exerce en équipe avec un metteur en scène, un scénariste, un maquilleur et d'autres acteurs. Omar Sy est l'acteur préféré des jeunes de 7 à 14 ans.

Comment le téléphone a-t-il été inventé ?

Créé au XIXe siècle, le téléphone est une invention revendiquée par plusieurs personnes. En 1860, l'Italien Antonio Meucci met au point le teletroffono, un appareil qui permet de transporter le son, entre son atelier et son domicile, par un fil de cuivre. Meucci débarque aux États-Unis où il fait connaître son invention. Mais, trop pauvre, il ne peut payer un brevet qui la protège. Son prototype inspire Alexander Graham Bell. Cet ingénieur, dont la mère et la femme sont sourdes, cherche à fabriquer une oreille artificielle pour rendre l'audition. **Il invente un appareil qui transforme les vibrations de la voix en impulsions électriques et les reproduit à distance.** A. Graham Bell est le premier à déposer le brevet du téléphone en 1876.

Qui a inventé l'heure ?

Illustration : Laurent Audouin

Les humains ont toujours voulu mesurer le temps qui passe. Dans l'Antiquité, ils ont inventé le cadran solaire, puis vers l'an 1000, le sablier. Mais cela n'était pas assez précis. En 1657, **le mathématicien hollandais Christian Huygens a créé la première horloge à pendule.** Elle donnait l'heure avec une seule aiguille qui faisait le tour du cadran.

Combien d'organes avons-nous dans notre corps ?

Nous en avons 78. Cœur, foie, poumons… chaque organe est constitué d'une ou plusieurs parties appelées tissus. Un organe joue un rôle dans le fonctionnement du corps. On dit qu'il assure une fonction physiologique.

Illustration : Clémence Lallemand

Est-ce que le feu est vivant ?

Non. Pourtant, il fonctionne un peu comme un être vivant. Il a besoin d'oxygène, il bouge, il se déplace et il fabrique de la chaleur. Il peut aussi se propager, comme s'il se reproduisait. En fait, le feu est une réaction chimique, telle la respiration qui permet à beaucoup d'êtres vivants de fonctionner.

Qu'est-ce que le blob ?

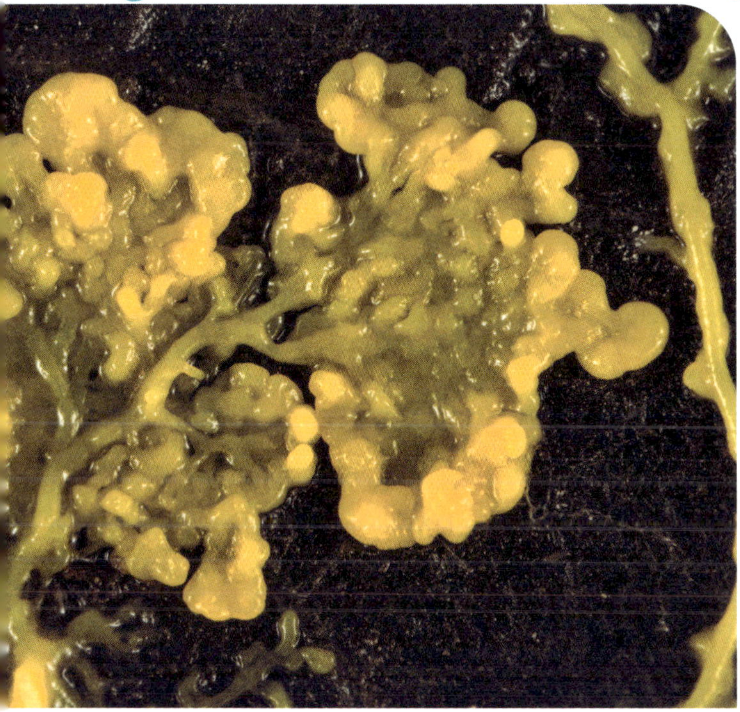

Son vrai nom est *Physarum polycephalum*. Il ressemble à un champignon gluant, mais ce n'est ni un champignon, ni un animal, ni un végétal. **Le blob est un être vivant à part.** Il peut s'étaler sur 10 mètres carrés, pourtant il n'est constitué que d'une seule cellule, comme un microbe !
Il vit surtout dans les lieux humides où il se nourrit de bactéries et de champignons.

Pourquoi les oignons font-ils pleurer ?

Parce qu'une réaction chimique se produit à l'endroit où les oignons sont coupés. Cette réaction libère un gaz qui se mélange à l'air. Or, ce gaz contient du soufre qui se transforme en acide sulfurique au contact des larmes. Alors, ça nous pique les yeux ! Mais très peu d'acide se forme et ce n'est pas dangereux.

Pourquoi paye-t-on des impôts ?

Payer des impôts, ce n'est pas agréable, mais c'est très utile. Avec l'argent récolté, l'État paie les professeurs, les gendarmes, les pompiers. Il construit des ponts, des routes, des écoles, qui servent à tous les citoyens, riches comme pauvres. En effet, **les impôts servent à être solidaires**, en redistribuant de l'argent à ceux qui en ont le plus besoin.

Pourquoi les amphibiens ne peuvent-ils pas vivre dans le froid ?

Quand il fait froid, la température du corps des amphibiens baisse. Les réactions chimiques qui leur permettent de digérer et de bouger ne sont alors plus possibles : les grenouilles, les crapauds, les tritons et les salamandres vivent au ralenti. Ils passent l'hiver à l'abri du gel, dans le sol, ou au fond d'une mare, en respirant à travers leur peau humide.

Illustration : Corcal

POURQUOI a-t-on des cernes quand on ne dort pas assez ?

La fatigue ralentit la circulation sanguine. Alors, les vaisseaux sanguins se chargent d'un peu plus de sang. Or, sous les yeux, la peau est très très fine et elle laisse voir cet afflux de sang supplémentaire. La peau paraît donc plus sombre et dessine des cernes foncés.

POURQUOI les oiseaux ne sont-ils pas électrocutés sur les fils électriques ?

Une électrocution a lieu en cas de court-circuit. Cela arrive si deux fils électriques sont reliés par un objet ou un corps qui conduit le courant. Cela peut aussi se produire si l'électricité circulant dans un fil rejoint le sol. Ainsi, les oiseaux posés sur un fil ne craignent rien. Par contre, les grands oiseaux ne sont pas à l'abri : avec leurs ailes, ils peuvent toucher deux fils à la fois.

Pourquoi les pommes de pin s'ouvrent et se ferment ?

La pomme de pin est composée d'écailles en bois qui cachent des graines. **Par temps sec, les écailles s'écartent et les graines sont dispersées par le vent.** Car la face extérieure de chaque écaille sèche plus vite que la couche intérieure. Elle devient plus courte et fait recourber l'écaille. Par temps de pluie, cette face externe s'allonge et la pomme de pin se referme.

Qui a inventé les journaux ?

Au XVe siècle, le développement de l'imprimerie a fait naître plein de journaux en Europe. En 1530, des feuilles volantes appelées « canards » se vendaient dans la rue. Elles racontaient des faits divers : meurtres, catastrophes...

D'où vient la première goutte d'eau ?

Elle vient de l'espace ! Les scientifiques pensent que, bien avant l'apparition de la vie, de nombreuses comètes constituées de glace se sont écrasées sur la Terre. Elles auraient apporté l'eau sur notre planète.

Illustration : Laurent Audouin

Pourquoi les pets sentent-ils mauvais ?

Nous hébergeons dans notre intestin 100 000 milliards de bactéries. Ces bactéries nous aident à digérer. Elles transforment une partie de notre nourriture pour permettre au corps de l'assimiler. On appelle cela une symbiose. Mais ces bactéries produisent aussi des gaz qui s'accumulent à la fin de notre intestin, qu'il faut donc évacuer. **L'odeur provient des gaz.** Elle dépend de leur composition et donc des aliments que nous mangeons. Les pets qui sentent le plus mauvais contiennent un gaz appelé sulfure d'hydrogène. Il est surtout produit après avoir mangé du chou, des œufs et de la viande. On estime que l'on fait en moyenne entre 10 et 20 pets par jour !

Pourquoi les poules ne peuvent-elles pas voler ?

La poule peut voler en battant énergiquement des ailes, mais seulement sur quelques mètres. Assez pour s'échapper du poulailler ! Mais **son poids, trop élevé par rapport à ses petites ailes, l'empêche de prendre de l'altitude.** Pourtant, l'espèce sauvage qui a donné nos poules domestiques est capable de voler. C'est sa domestication et la sélection des humains, au fil des générations, qui ont fait perdre aux poules cette capacité.

À quelle époque a été inventée la Bible ?

La Bible est comme une bibliothèque de 73 livres. On pense que les plus anciens ont été écrits au VIIIe siècle avant Jésus Christ, les derniers vers 100 après Jésus Christ. On ne sait pas précisément quels en sont les auteurs. La Bible comprend deux parties : l'Ancien Testament et le Nouveau Testament. L'Ancien Testament se compose d'histoires et de prières. Il raconte notamment la création du monde par Dieu. Le Nouveau Testament parle de la vie de Jésus Christ et des premiers chrétiens. Ces textes sont sacrés pour les chrétiens. Ils représentent pour eux la parole de Dieu. En 1455, la Bible a été le premier ouvrage imprimé par Gutenberg et, aujourd'hui, c'est le livre le plus lu dans le monde !

À quoi servent les cheveux ?

Les cheveux forment une véritable fourrure. Et, comme chez tous les animaux, elle **isole du froid et protège du soleil.** Les cheveux servent aussi à prévenir des chocs. En effet, la peau du cuir chevelu détecte les obstacles grâce aux cheveux. Ce sont des supervibrisses, comme les moustaches de ton chat.

Illustration : Sylvain Frécon

C'est quoi, les oies du Capitole ?

Illustration : Thérèse Bonté

Selon les textes anciens, les Gaulois ont envahi Rome, il y a 2 400 ans. Les Romains qui n'ont pas pu fuir se sont réfugiés sur la colline du Capitole. Une nuit, les Gaulois les ont attaqués par surprise. Tout le monde dormait, sauf les oies. Elles ont fait tellement de bruit **qu'elles ont réveillé les Romains qui ont réussi à repousser l'ennemi !**

Qui a inventé la mode ?

La mode naît au XIVe siècle, à la cour des rois. Ce sont eux qui décident de la mode. Par exemple, quand Louis XIV porte des talons hauts, tous les hommes de la Cour l'imitent. Les défilés de mode apparaissent à la fin du XIXe siècle. Le couturier anglais, Charles Worth, est le premier à présenter des vêtements sur des femmes.

Qu'est-ce que le trou dans la couche d'ozone ?

L'ozone est un gaz qui forme une couche dans l'atmosphère de la Terre. **Par endroits, la couche est moins épaisse qu'ailleurs :** c'est ce qu'on appelle le « trou dans la couche d'ozone ». La couche d'ozone se situe entre 20 et 50 km d'altitude. Ce gaz se forme à partir de l'oxygène sous l'action des rayons ultraviolets du Soleil. La couche d'ozone filtre ainsi la lumière du Soleil. Sans elle, la vie ne serait pas possible à la surface de la Terre. Il y a 50 ans, les scientifiques ont découvert que son épaisseur avait diminué au-dessus du pôle Sud et que sa destruction était due aux gaz propulseurs des bombes aérosol, les CFC. Heureusement, en 1989, l'usage de ces gaz a été interdit. Depuis, l'ozone commence à se reconstituer.

VUE DE L'ATMOSPHÈRE TERRESTRE EN NOVEMBRE 2020

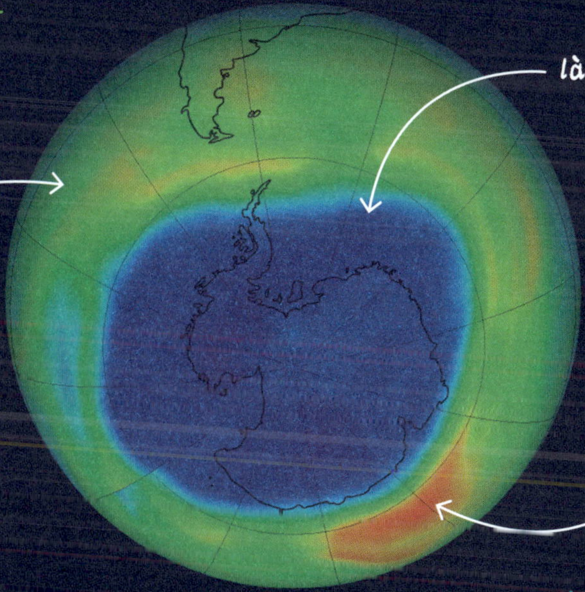

Photo réalisée par la NASA au dessus du pôle Sud

Illustration : Corcal

Combien y a-t-il eu de rois en France ?

64 rois et 3 empereurs ont gouverné la France. Le premier roi des Francs était Clovis (Ve siècle). Le dernier roi de France s'appelait Louis Philippe (XIXe siècle). Les trois empereurs étaient Charlemagne (IXe siècle), Napoléon Ier et Napoléon III (XIXe siècle). Un roi est à la tête d'un seul pays, alors qu'un empereur est à la tête d'un grand territoire qui réunit plusieurs royaumes.

Qui a inventé les gros mots ?

«Sac à vin ! Œil de chien et cœur de cerf ! » Le poète grec Homère fait prononcer ces injures à son héros Achille, dans *l'Iliade*, au IXe siècle avant J. C. Autant dire **qu'on a toujours utilisé des gros mots pour exprimer sa colère, sa douleur…**

Comment la marée monte-t-elle et descend-elle ?

Les planètes, les étoiles et tous les astres exercent une force d'attraction qu'on appelle « la gravité ». La gravité nous fait tomber vers le sol, oblige la Lune à rester près de la Terre et la Terre à tourner autour du Soleil. Cette force agit sur toutes les matières, solides, liquides et gazeuses. Sur Terre, nous ressentons peu la gravité du Soleil et celle de la Lune. Pourtant, ces deux astres attirent l'eau des océans et déforment leurs surfaces. Comme la Terre tourne sur elle-même, les régions côtières traversent des zones où la surface de l'eau est bombée, provoquant ainsi marée haute puis marée basse. Quand l'action du Soleil et celle de la Lune s'additionnent, les marées sont fortes mais quand elles s'annulent, les marées sont très faibles.

Pourquoi les sièges de cinémas sont-ils rouges ?

Après la Révolution française, les premières salles de cinéma étaient d'anciennes salles de théâtre qui avaient des fauteuils et des rideaux rouges. Mais avant la Révolution, la couleur choisie pour les théâtres était le bleu, symbole de la royauté. C'est au XIXe siècle que les salles de spectacle se sont habillées en rouge.

D'où vient la légende de la licorne ?

Illustration : Loïc Méhée

Certains chercheurs supposent que *l'elasmotherium*, **un rhinocéros préhistorique à corne unique, qui vivait en Europe et en Asie, a donné naissance à cette légende.** Des histoires de licorne existent en Gaule, en Chine, en Perse, en Inde… L'animal est toujours doté de pouvoirs magiques et il est jugé immortel.

À quelle vitesse les champignons poussent-ils ?

Si les températures sont douces et que le sol est bien humide, **un champignon peut sortir de terre et se former complètement en trois jours !** Mais il est important de préciser que ce que l'on appelle « champignon » n'est en fait que la partie visible de celui-ci, appelée le sporophore. En réalité, la plus grande partie du champignon pousse sous terre, sous forme de filaments : c'est le mycélium.

Pourquoi le cœur fait-il deux battements par seconde ?

Le nombre de battements produits par ton cœur s'appelle le rythme cardiaque, on le mesure en battements par minute. **Ce rythme dépend de ton activité.** Le cœur fait circuler le sang qui transporte l'oxygène indispensable au fonctionnement de chaque partie de ton corps. Quand tu fais un effort, tes muscles ont besoin de beaucoup plus d'oxygène, alors ton cœur bat plus vite. Au repos, c'est le contraire, ton besoin en oxygène est plus faible et ton cœur ralentit. Le rythme cardiaque varie aussi avec l'âge. Entre 6 et 11 ans, il se situe entre 70 et 120 battements par minute, au repos. Chez les adultes, il est compris entre 60 et 80.

Qui a inventé le piano ?

En 1709, l'Italien Bartolomeo Cristofori fabrique le *pianoforte*. Les touches du clavier sont reliées à des marteaux de feutre qui frappent les cordes. Cela permet au musicien de jouer aussi bien doucement (*piano*, en italien) que fort (*forte*, en italien). Et de répéter très vite la même note, ce que Mozart aimait beaucoup.

Comment se forment les sables mouvants ?

Des sables mouvants se forment quand de l'eau salée se mélange à du sable et à de l'argile. Au repos, un tel mélange paraît plutôt dur. Pourtant, à l'occasion d'un simple piétinement, l'eau qui s'y trouve se met en mouvement et rend le mélange liquide... Mais pas de panique, le corps humain flotte très bien dedans et il ne s'enfonce qu'à moitié !

Pourquoi les barrages sont-ils arrondis ?

Grâce à leur forme arrondie, les barrages résistent mieux au poids de l'eau. En effet, avec la courbure du mur, la poussée de l'eau s'exerce vers les deux extrémités du barrage. Et comme il est construit contre deux masses rocheuses, il prend appui dessus, ainsi il ne cède pas. Le mur du barrage n'a donc pas besoin d'être très épais.

D'où vient l'oxygène ?

L'oxygène qui se trouve dans l'air est fabriqué par les plantes. Ce sont les seuls êtres vivants capables d'utiliser l'énergie solaire pour fabriquer des sucres. Ce processus appelé photosynthèse libère de l'oxygène.
Et les plantes qui en produisent le plus vivent dans la mer ! Ce sont les algues microscopiques qui se développent près de la surface.

POURQUOI les orties piquent-elles ?

L'ortie possède des petits poils creux qui se brisent comme du verre, dès qu'on les touche. Ils se plantent dans notre peau et injectent un liquide irritant. Quand elle est jeune, l'ortie n'a des poils piquants que sur la face supérieure de ses feuilles. Pour la cueillir, attrape-la par-dessous. Mais ensuite, prends garde aux piquants de la tige ! Prévois des gants.

Qui a inventé la démocratie ?

Au ve siècle avant J. C., la cité grecque d'Athènes a expérimenté la démocratie, le « pouvoir du peuple ». En grec, *dêmos* signifie peuple, et *kratos*, pouvoir. Les citoyens grecs votaient pour décider de la vie de la cité. Mais les femmes, les esclaves et les étrangers étaient exclus de ce système. Périclès était l'homme politique le plus connu de cette période.

Pourquoi dit-on Saint Louis et pas Louis IX ?

Ce roi de France a régné au XIIIe siècle, sous le nom de Louis IX. Très croyant, il prie beaucoup, il s'occupe des pauvres et des malades et il impose la même justice pour tous. Il dirige aussi les dernières croisades. **Après sa mort, l'Église le reconnaît comme saint.** Depuis, on l'appelle Saint Louis.

Pourquoi a-t-on besoin de faire du sport ?

Ton corps contient de nombreux muscles qui ont besoin de travailler pour bien fonctionner, à commencer par ton cœur ! De plus, quand tu fais un effort, ton sang circule plus vite, et il apporte plus d'oxygène à tous tes organes. Ton cerveau est alors le premier à en bénéficier. Et ce n'est pas tout : le sport renforce aussi tes os et améliore ta capacité à lutter contre les microbes. Ainsi, faire du sport, c'est bon pour tout ton corps !

Pourquoi on utilisait la plume d'oie pour écrire ?

Illustration : Laurent King

Au Moyen Âge, la plume d'oie a remplacé le roseau pour l'écriture. On taillait en biais la pointe de la plume et on la fendait à l'extrémité. **Cette pointe creuse, trempée dans un encrier, conservait une réserve d'encre qui permettait d'écrire plus longtemps.** Pour écrire plus fin, on utilisait des plumes de corbeau ou de coq et, pour écrire plus gros, des plumes d'aigle ou de paon.

Comment l'écureuil casse-t-il les coques des noisettes ?

Avant de casser une noisette, l'écureuil la choisit bien. Il la soupèse entre ses pattes pour s'assurer que la graine est grosse à l'intérieur. Puis il tourne la noisette entre ses pattes et perce un petit trou avec ses dents au sommet de la coque. Après quoi, **il coince ses incisives dans ce trou pour séparer la coque en deux ou plusieurs morceaux.**

Illustration : Éric Meurice

Pourquoi mon chat dort-il tout le temps ?

Ton chat fait partie de la grande famille des félins. Dans la nature, les félins chassent pour se nourrir : ce sont des prédateurs. Chasser leur demande beaucoup d'énergie. Il faut donc compenser ces efforts par de longues périodes de repos. **Ton chat a gardé le rythme naturel de ses cousins sauvages.** Mais c'est un animal domestique. Bien à l'abri chez toi, il n'a pas besoin de chasser, alors il dort tranquillement… jusqu'à 20 heures par jour !

Depuis quand la machine à coudre existe-t-elle ?

En 1830, le Français Barthélemy Thimonnier a déposé le brevet d'une « mécanique à coudre » : une roue à volant permettait à une aiguille de monter et descendre sur le tissu. En 1851, l'Américain Isaac Singer a créé une machine à coudre pour la maison, qui a remporté un énorme succès. Grâce à la machine à coudre, les vêtements sont moins chers.

Comment les poissons respirent-ils dans l'eau ?

Les poissons n'ont pas de poumons, contrairement à nous. Ils ont des branchies, des lamelles parcourues par de nombreux vaisseaux sanguins, qui leur permettent de respirer. Les poissons ouvrent leur gueule, et l'eau pénètre dans leur gorge. Là, les branchies captent l'oxygène indispensable à la vie, et le font passer dans le sang du poisson. En échange, du dioxyde de carbone passe du sang dans l'eau et ressort par les branchies. Les poissons respirent ainsi, sans faire de bulles. Car l'oxygène et le dioxyde de carbone sont des gaz invisibles qui se dissolvent dans le sang et dans l'eau, un peu comme du sucre ou du sel. Le 8 juin, c'est la Journée mondiale des océans.

Pourquoi dit-on que les Québécois et les Français sont cousins ?

C'est parce que le Québec a été colonisé par les Français au début du XVIIe siècle. Nous avons donc des ancêtres communs et nous parlons la même langue, mais avec des accents différents.

Comment le corps produit-il du sang ?

Illustration : Jérôme Anfré

Tout d'abord, le sang contient beaucoup d'eau. Elle provient des aliments que tu avales et de l'eau que tu bois. Le sang contient aussi d'autres composants et, en particulier, les globules rouges, qu'on appelle les hématies. Elles sont fabriquées à l'intérieur des os, dans la moelle osseuse. Ainsi, **ce sont les os qui fabriquent, en grande partie, le sang !**

Qui a inventé le football ?

Les Britanniques ont fixé les règles du sport le plus populaire du monde, au XIXe siècle : dimensions du terrain et des buts, nombre de joueurs...
Mais les humains tapent dans un ballon depuis l'Antiquité. Les soldats romains jouaient à l'harpastum, en frappant une vessie de porc gonflée. Et au Moyen Âge, la soule était un sport de balle violent qui opposait deux villages.

Pourquoi la reine des fourmis est-elle différente des autres ?

La reine des fourmis est plus grande que les ouvrières. En effet, **elle est la seule dont l'abdomen contient les organes qui lui permettent de produire des œufs tout au long de sa vie.** Son thorax est également plus musclé, donc plus gros, car il a porté les ailes qu'elle a utilisées lors du vol nuptial. De retour à la fourmilière, la reine perd ses ailes, mais elle garde la trace de leur attache sur son thorax. Une fourmilière peut parfois abriter plusieurs reines.

POURQUOI les conifères poussent-ils en altitude élevée ?

Les conifères ne poussent pas seulement en montagne. Ces arbres résistent bien au froid, mais aussi à la sécheresse ! On trouve de nombreux pins, par exemple, dans les régions méditerranéennes. Les feuilles de la plupart des conifères sont en forme d'aiguilles. Celles-ci sont très résistantes et ont une longue durée de vie.

Pourquoi l'Italie est-elle en forme de botte ?

C'est le résultat du hasard. L'Italie est située à la jonction de deux plaques tectoniques : la plaque africaine rencontre la plaque eurasienne et s'enfonce sous elle. Ce mouvement lent provoque des séismes et des éruptions volcaniques. Il a aussi donné à ce pays cette forme étonnante.

Illustration : Jérôme Anfré

Pourquoi donne-t-on des noms aux ouragans ?

Pour ne pas les confondre. C'est l'Organisation météorologique mondiale qui baptise les ouragans à partir de 6 listes de 21 prénoms chacune, et adaptées à chaque région du monde. Un nom peut revenir tous les six ans. Sauf si l'ouragan est très meurtrier. Dans ce cas, il est supprimé des listes.

POURQUOI dans un repas, y a-t-il une entrée, un plat et un dessert ?

En Occident, **la tradition est de composer un repas avec une entrée, un plat et un dessert.** Mais cela n'a pas toujours été ainsi. Chez les seigneurs du Moyen Âge, tous les plats, sucrés et salés, étaient disposés en même temps sur la table. Les invités riches goûtaient à tout, les autres mangeaient les restes. Peu à peu, le plat principal est devenu le cœur du repas, précédé d'une entrée et suivi d'un dessert sucré. Cet ordre se retrouve encore dans les menus des restaurants. Mais dans d'autres pays, comme en Chine, le sucré et le salé sont mélangés.

Pourquoi les fleurs se referment-elles la nuit ?

Quand la lumière diminue, des réactions chimiques se produisent à l'intérieur de la fleur. Cela provoque un gonflement de la partie située sous le pétale, tandis que le dessus se contracte. Alors les pétales se dressent : la fleur se ferme. De cette façon, ses organes reproducteurs sont protégés du froid et de l'humidité de la nuit. C'est la nyctinastie.

Pourquoi les Américains ont-ils débarqué en Normandie ?

Lors de la Seconde Guerre mondiale, la France était occupée par l'Allemagne. Pour libérer le pays, les Alliés* sont venus d'Angleterre. Il fallait des côtes proches et larges pour débarquer les milliers de soldats, par bateaux. Les plages du Pas-de-Calais étaient idéales, mais les Allemands y avaient construit beaucoup de fortifications. Alors, les Alliés ont choisi la Normandie, moins bien défendue.

* Les pays qui luttaient contre l'Allemagne : États-Unis, Royaume-Uni, Canada...

Illustration : Corcal

Les animaux craignent-ils les guili-guili ?

Illustration : Patrick Cerf

Oui, certains animaux sont sensibles aux chatouilles. Les guili-guili font même rire nos cousins chimpanzés ! Certaines zones de leur peau sont plus sensibles au toucher. Un chien apprécie que son maître le gratte sous le cou et le ventre. Un chat, bien disposé, demande aussi des guili-guili sur le ventre. Les chevaux, eux, préfèrent des gratouilles au niveau de l'encolure, plutôt que des tapotements.

Si la Terre est ronde, pourquoi les Australiens n'ont pas la tête en bas ?

C'est parce que, dans l'espace, il n'y a ni haut ni bas. Mais la Terre nous attire à cause de la force de gravité. Alors, nous tombons en permanence vers son centre, c'est ce qu'on appelle aussi la force de pesanteur, ou, tout simplement, le poids. C'est à cause de lui que nous avons tant de mal à décoller du sol ! Ainsi, tout autour de la Terre, le haut est toujours vers le ciel et le bas vers le sol. Quand les Australiens se tiennent debout, ils sont dans une position qui est l'inverse de la nôtre. S'ils sautent en l'air, ils retombent quand même vers la Terre, vers le bas.

Les **dents** sont-elles plus **dures** que le **métal** ?

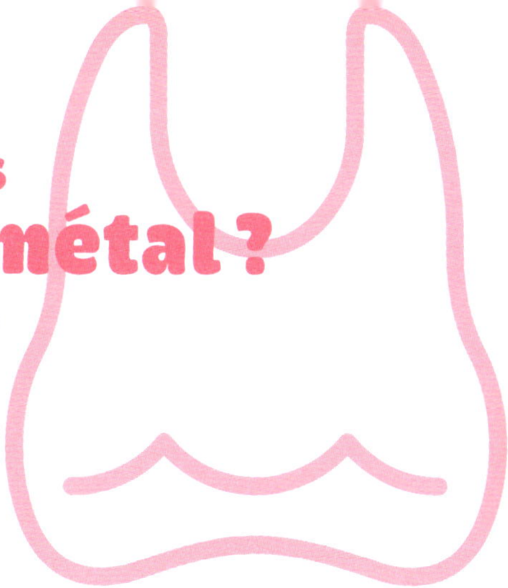

Les dents sont recouvertes d'une couche fine très résistante qu'on appelle « l'émail ». C'est la matière la plus dure du corps. Elle est surtout composée de calcium et elle est entièrement minérale, comme la céramique. L'émail résiste bien aux attaques chimiques et il permet de broyer des os. **Mais il est friable et moins solide que le métal.**

Pourquoi, avant, les **femmes** n'avaient pas de droits ?

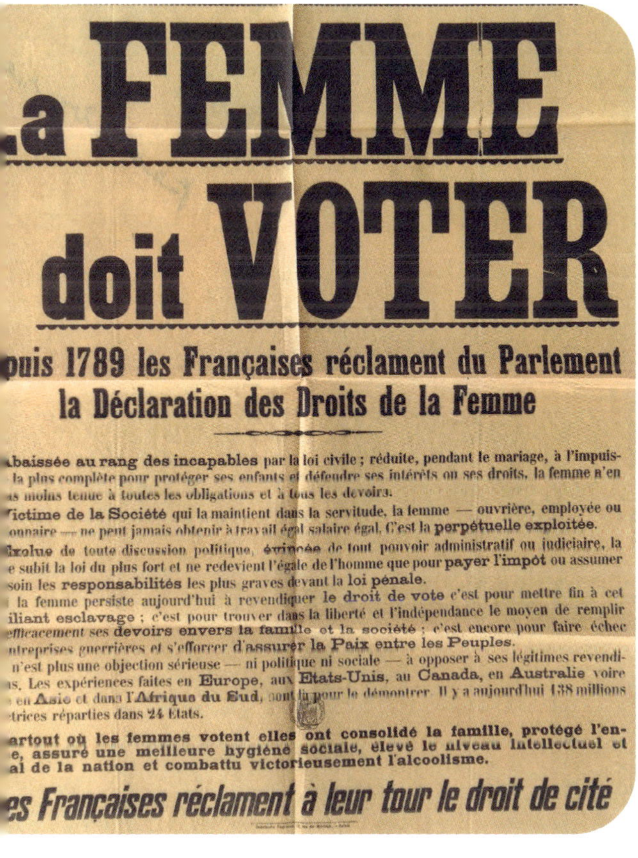

a FEMME

doit VOTER

puis 1789 les Françaises réclament du Parlement

la Déclaration des Droits de la Femme

baissée au rang des incapables par la loi civile ; réduite, pendant le mariage, à l'impuis- la plus complète pour protéger ses enfants et défendre ses intérêts ou ses droits, la femme n'en s moins tenue à toutes les obligations et à tous les devoirs.

ictime de la Société qui la maintient dans la servitude, la femme — ouvrière, employée ou onnaire — ne peut jamais obtenir à travail égal salaire égal. C'est la perpétuelle exploitée.

xclue de toute discussion politique, évincée de tout pouvoir administratif ou judiciaire, la e subit la loi du plus fort et ne redevient l'égale de l'homme que pour payer l'impôt ou assumer soin les responsabilités les plus graves devant la loi pénale.

la femme persiste aujourd'hui à revendiquer le droit de vote c'est pour mettre fin à cet iliant esclavage ; c'est pour trouver dans la liberté et l'indépendance le moyen de remplir efficacement ses devoirs envers la famille et la société ; c'est encore pour faire échec ntreprises guerrières et s'efforcer d'assurer la Paix entre les Peuples.

n'est plus une objection sérieuse — ni politique ni sociale — à opposer à ses légitimes revendi- s. Les expériences faites en Europe, aux Etats-Unis, au Canada, en Australie voire en Asie et dans l'Afrique du Sud, ont là pour le démontrer. Il y a aujourd'hui 138 millions trices réparties dans 24 Etats.

artout où les femmes votent elles ont consolidé la famille, protégé l'en- e, assuré une meilleure hygiène sociale, élevé le niveau intellectuel et al de la nation et combattu victorieusement l'alcoolisme.

es Françaises réclament à leur tour le droit de cité

Le 8 mars, c'est la Journée internationale des droits des femmes. Cette journée existe parce que les femmes ne sont pas considérées à l'égal des hommes. **Pendant des siècles, les femmes ont été présentées comme moins intelligentes que les hommes.** Et elles vivaient sous leur autorité. Elles n'avaient pas le droit d'aller à l'école, de voter ou de choisir leur métier… En se battant contre ces inégalités, durant le XXᵉ siècle, les femmes ont acquis ces droits. Mais il reste des progrès à faire pour qu'elles soient payées autant que les hommes ou présentes en politique. Et des pays maintiennent les femmes en position d'infériorité. En Afghanistan, elles ne peuvent pas travailler en dehors de chez elles ou faire du sport. En Inde, certaines sont mariées de force…

Les hommes préhistoriques avaient-ils les maladies que l'on a aujourd'hui ?

Grâce à leur alimentation pauvre en graisses et en sucres, ces humains ne souffraient pas du cholestérol, ni de caries dentaires. Les maladies liées au vieillissement n'existaient pas, car ils mouraient jeunes. Mais **ils souffraient d'arthrose, une maladie des articulations.** Et beaucoup de femmes et de bébés mouraient lors de l'accouchement.

Illustration : Noëlle Letzetler

Pourquoi les mouches se frottent-elles les pattes ?

Pour les nettoyer ! La mouche frotte ses pattes avant l'une contre l'autre, car elles se terminent par des pelotes adhésives qui doivent rester propres. Ainsi, la mouche peut se poser au plafond ou sur une vitre verticale. Et puis ses pattes lui servent aussi à goûter ses aliments, à condition là aussi qu'elles soient bien propres!

Qui a créé le yoyo ?

Sur un vase grec du ve siècle avant J.-C., un enfant joue avec un yoyo. **Ce jeu existe donc depuis l'Antiquité.** Son nom vient des Philippines, en Asie, et il veut dire « reviens ». Là-bas, il était une arme de chasse, en bois. En 1930, l'Américain Donald Duncan fabrique, à grande échelle, des modèles en plastique et il invente les premières compétitions.

Comment se forme une **aurore boréale ?**

Une aurore boréale est une lumière qui apparaît dans le ciel nocturne, près du pôle Nord. Au pôle Sud, on l'appelle aurore australe. Les aurores polaires sont souvent de couleur verte, mais elles peuvent être bleues, rouges ou rosées. **Ce phénomène est provoqué par l'activité du Soleil qui éjecte régulièrement de grandes quantités de particules dans l'espace.** Quand celles-ci atteignent la Terre, elles sont déviées par son champ magnétique. Mais une petite partie pénètre dans l'atmosphère, au niveau des pôles. Les particules solaires sont chargées d'énergie, alors elles excitent les gaz qui composent l'air : ces gaz se mettent à briller !

Existe-t-il des arbres sans feuilles ?

Illustration : Loïc Méhée

Non, les feuilles sont indispensables aux arbres. Elles leur permettent de respirer, et aussi de fabriquer leur nourriture. Certains arbres, comme les thuyas et les cyprès, ont des feuilles minuscules. Elles sont plaquées contre l'écorce. On les appelle des écailles. Sais-tu que les aiguillles des pins sont aussi des feuilles ?

Pourquoi, autrefois, les pièces de monnaie avaient-elles un trou ?

Pour économiser le métal. Au début du XXe siècle, en France, les pièces de bronze de 5 et 10 centimes pesaient lourd. À partir de 1914, on a fabriqué des pièces plus minces, avec un trou central. Elles étaient plus légères et faciles à empiler grâce à leur trou. Ces pièces de 1, 2 et 5 sous ont eu cours jusqu'en 1947.

Illustration : Éric Meurice

Pourquoi le feu est-il orange ?

Le feu est jaune orangé mais il a aussi une partie bleue à sa base. Dans cette zone, la matière se transforme en gaz très chaud. Au-dessus, dans la partie jaune orangé, la combustion produit des petites poussières très brillantes. **La couleur de la lumière émise est due à la température :** 1 200 °C dans la partie bleue et 1 500°C dans la jaune !

Comment Venise a-t-elle pu être construite sur l'eau ?

Les maisons de Venise, la célèbre ville italienne, ne sont pas bâties sur l'eau mais sur 117 îles, parcourues de canaux. La ville entière est construite sur une lagune : une étendue d'eau salée peu profonde qui communique avec la mer. Voilà pourquoi elle a l'air de sortir de l'eau. Les maisons du bord de l'eau ont des fondations qui résistent au sel de la mer. Elles sont faites d'une pierre très compacte. Des pieux en bois, de 4 mètres de haut, s'enfoncent dans la terre et consolident la base des constructions. Les palais, érigés au XVIe siècle, sont souvent en marbre, mais avec plein de fenêtres pour alléger les façades. Le reste est en brique pour limiter le poids.

D'où vient la poussière ?

La poussière est faite de tout petits morceaux des matières qui nous entourent et qui s'usent. À l'extérieur, elle a pour origine les fumées, la circulation automobile, l'érosion du sol, les éruptions volcaniques... Dans les maisons, elle provient surtout des vêtements, des cheveux, des poils et de la peau des humains et des animaux de compagnie.

Illustration : Loïc Méhée

Qui était Catherine de Médicis ?

Catherine de Médicis a été reine de France de 1547 à 1559, année de la mort de son époux, le roi Henri II. Elle a tenté de faire cesser les guerres de Religion entre catholiques et protestants. Pourtant, elle ne s'est pas opposée au massacre des protestants, le jour de la Saint-Barthélemy. Femme cultivée, Catherine de Médicis a fait agrandir le Louvre et construire le palais des Tuileries, à Paris.

Qui a inventé les jouets ?

Les enfants de la préhistoire jouaient sans doute avec des coquillages ou des cailloux, mais on n'en a pas de trace. En revanche, **on a retrouvé des jouets de l'Antiquité :** yoyos, billes, toupies, balles, poupées, chariots à faire rouler... Le Mehen égyptien est un des plus anciens jeux de société. Il se jouait sur un plateau en forme de serpent enroulé, divisé en cases. Plus récemment, les briques de Lego® ont été inventées par Ole Kirk Christiansen, en 1949. En danois, « lego » veut dire « joue bien ».

Et le premier vrai jeu vidéo? Il s'appelait Pong. Inspiré du tennis de table, il a été inventé par Nolan Bushnell en 1972. Pour fêter les jours qui rallongent, fin décembre, les Romains s'offraient des présents. Cette habitude perdure à Noël dans beaucoup de familles.

Pourquoi mon chat a-t-il des crises de folie ?

Ce sont des moments de très grande excitation comme en ont beaucoup de chats ! Ces moments sont plus fréquents en fin de journée, surtout chez les chats qui ne sortent pas de la maison. **Ils ont alors besoin de se dépenser**, c'est pourquoi ils courent et sautent partout ! Ces temps de jeu font partie de leur rythme de vie. Ce n'est pas inquiétant, mais si tu veux limiter ses crises, passe plus de temps à jouer avec ton chat.

Tous les mammifères ont-ils un nombril ?

Le nombril est la cicatrice du cordon ombilical, qui permettait au petit de s'alimenter dans le ventre de sa mère. Les mammifères placentaires, comme le chien, qui sont les plus nombreux, ont tous un nombril. Les mammifères marsupiaux, comme le kangourou, ont aussi un nombril. Seuls les mammifères monotrèmes, ceux qui pondent des œufs, comme l'ornithorynque, n'en ont pas.

Qu'est-ce que les fake news ?

Cette expression anglaise signifie « fausses nouvelles ». Sur Internet et les réseaux sociaux, des personnes inventent des fausses informations, pour faire rire, pour faire peur ou pour faire du mal. Ce peut être aussi une photo ou une vidéo truquée… À chacun de vérifier ses informations et de ne pas croire tout ce que l'on lit.

Quelle est la température d'un éclair ?

30 000 degrés ! Pourtant, l'éclair n'est pas du feu, il s'agit d'une décharge électrique. Cela signifie qu'en très peu de temps, un courant électrique très intense traverse l'air. Il échauffe alors les particules d'air, si fort qu'elles se mettent à briller ! Elles deviennent du plasma. Mais si l'éclair touche une matière inflammable, celle-ci s'embrase instantanément.

Pourquoi la tour de Pise est-elle penchée ?

La tour de Pise, haute de 58 mètres, penche, car elle a été construite sur un sol instable. Cette tour en marbre a commencé à s'incliner quelques années après le début de sa construction au XIIe siècle. Dans les années 1990, on a réalisé d'importants travaux pour la stabiliser. Depuis, elle s'est même un peu redressée.

Illustration : Loïc Méhée

POURQUOI les excréments sentent-ils mauvais ?

À cause des bactéries qui vivent dans notre intestin. Elles profitent de nos aliments et nous aident à les digérer en partie. Mais ces bactéries produisent des gaz qui sentent mauvais. Et comme beaucoup de bactéries sont emportées avec nos excréments, elles continuent à se nourrir, en libérant leurs odeurs désagréables.

Comment les paquebots flottent-ils ?

Pour comprendre comment flottent des paquebots en acier pesant plusieurs milliers de tonnes, observe le niveau de l'eau quand tu entres dans ton bain. Il monte, car ton corps prend de la place et il repousse l'eau autour de lui. Tu sens aussi que l'eau résiste et te porte en partie. C'est l'eau que tu as déplacée qui te repousse un peu. La force de l'eau vient de son poids. Alors, pour flotter, tu dois déplacer une quantité d'eau plus lourde que ton poids. Pour cela, il suffit de gonfler tes poumons pour prendre plus de place sans être plus lourd. Ainsi, **même si un objet est très lourd, il flotte s'il déplace une quantité d'eau plus lourde que son propre poids.** C'est le cas des paquebots et de presque tous les objets creux !

Les animaux parlent-ils entre eux ?

Oui, les animaux ont des langages variés : chants, cris, odeurs, postures. C'est vital, surtout pour ceux qui vivent en groupe. Ainsi, les marmottes poussent différents cris selon qu'elles jouent, qu'elles veulent se retrouver dans le brouillard ou alerter le groupe d'un danger. Les autres animaux des montagnes savent reconnaître les cris des marmottes.

Comment était composée la société du Moyen Âge ?

On parlait de « société féodale ». La féodalité était un contrat qui unissait un suzerain à un vassal. Le premier devait protéger le second en échange de son aide ; et il lui donnait une terre à gouverner, le fief. À la tête de la société, le roi était le suzerain le plus puissant. Puis il y avait les seigneurs et les religieux. Et à la base, tous ceux qui travaillaient : commerçants, artisans, paysans.

C'est quoi, être un réfugié ?

Un réfugié est une personne qui a fui son pays, car sa vie y était en danger. Quand cette personne arrive dans un autre pays, elle demande le droit d'asile, c'est-à-dire la protection. Si elle obtient ce droit, elle peut rester dans ce nouveau pays. Sinon, elle est en situation illégale et peut être renvoyée dans son pays d'origine. Beaucoup de migrants venus d'Afrique et du Proche-Orient fuient la misère ou la guerre. Ils risquent leur vie en venant en Europe. Certains se noient en traversant la mer Méditerranée, sur des bateaux surchargés. Des passeurs les maltraitent et les volent. Enfin arrivés en Europe, ils espèrent obtenir le statut de réfugiés. En 2015 et 2016, l'Union européenne a reçu plus de 2 millions de demandes d'asile.

Y a-t-il des colibris en France ?

Aucun colibri n'a été observé en France métropolitaine. Mais tu peux voir ces tout petits oiseaux de l'autre côté de l'Atlantique, par exemple en Martinique ou en Guadeloupe. Les colibris se nourrissent en aspirant le nectar des fleurs, mais sans se poser. En Europe, on confond parfois le colibri avec un papillon, le moro-sphinx, qui, lui aussi, vole sur place au-dessus des fleurs.

Illustration : Laurent Audouin

Qui a inventé la guitare ?

La guitare classique que tu connais a été créée au XIXe siècle par un luthier espagnol. Le luthier est la personne qui fabrique des instruments de musique à cordes. Mais l'ancêtre de la guitare date d'il y a plus de 5 000 ans.

D'où vient l'arobase ?

Illustration : Laurent Audouin

Ce symbole @ était utilisé par les marchands au Moyen Âge, comme unité de poids ou de mesure. Au XIXe siècle, il s'est répandu aux États-Unis pour indiquer le prix des marchandises. Par exemple, un œuf à 1 dollar s'écrivait : un œuf @ 1 dollar. C'est pour cela que l'on a ajouté une touche @ aux machines à écrire, puis aux ordinateurs. Peu à peu, ce signe n'a plus été utilisé. Alors, en 1971, on a choisi cette touche oubliée pour écrire les adresses électroniques.

Pourquoi a-t-on chaud quand il fait 37°C alors que notre corps est à 37°C ?

Parce que notre corps fabrique beaucoup de chaleur ! Et pour rester à 37 °C, le corps doit évacuer le trop-plein de chaleur. Quand la température extérieure est inférieure à 30 °C, la chaleur s'évacue toute seule par la peau. Mais au-delà, la chaleur extérieure pénètre dans le corps. On a trop chaud ! La peau se met alors à transpirer pour évacuer cet excès de chaleur.

Pourquoi les arbres ont-ils des feuilles ?

Les feuilles sont indispensables aux arbres. Grâce à leur pigment vert qu'on appelle la chlorophylle, les feuilles captent la lumière du soleil. Elles absorbent aussi le gaz carbonique dans l'air par des petits trous, les stomates. Enfin, c'est à l'intérieur des feuilles que l'eau, l'air et la lumière sont transformés en nourriture. Ainsi, l'arbre peut vivre et se développer.

Quel est l'animal le plus grand du monde ?

L'animal le plus gros est la baleine bleue. Elle mesure plus de 30 mètres de long et elle pèse jusqu'à 190 tonnes ! Ce gigantisme est possible car son corps est soutenu par l'eau ; sur terre, elle serait écrasée par son propre poids ! En étudiant l'évolution des mammifères marins, les scientifiques ont découvert que les baleines sont devenues plus grandes, il y a seulement 3 millions d'années quand le climat s'est refroidi. Dans ces conditions, les animaux ayant une très grande masse conservent mieux leur chaleur. Ainsi, les baleines ont pu profiter de la nourriture abondante présente près des pôles. Enfin, l'animal le plus long est un ver marin : le ver lacet. Il est très fin et il peut s'étirer sur 40 mètres une fois détortillé !

Pourquoi les poissons ont-ils des écailles ?

Illustration : Loïc Méhée

Les écailles forment une sorte de carapace qui protège la peau des poissons contre les prédateurs, les parasites et le frottement des rochers. Elles permettent aussi à l'eau de bien glisser sur leur corps.

Pourquoi a-t-on des crottes de nez ?

Les crottes de nez viennent d'un produit fabriqué à l'intérieur du nez : le mucus nasal. Ce dernier nettoie le nez en piégeant les poussières et les microbes qui entrent avec l'air que nous inspirons.

Illustration : Océane Meklenberg

Qui a inventé la pizza ?

Les Italiens, au XVIIe siècle. Et en 1889, un cuisinier aurait baptisé sa pizza « Margherita », du nom de la reine de Savoie, venue en visite à Naples.

Comment s'est formée l'atmosphère ?

L'atmosphère a commencé à se former il y a 4,5 milliards d'années. À cette époque, la Terre était couverte de roches en fusion qui ont rejeté des gaz. D'autres gaz sont aussi arrivés de l'espace. Ils étaient contenus dans les pierres et les morceaux de glace qui se sont écrasés sur la Terre. Au début, l'atmosphère contenait de l'azote, du dioxyde de carbone, de l'ammoniac, du méthane, de la vapeur d'eau… et pas du tout d'oxygène. Quand la Terre s'est refroidie, la vapeur d'eau s'est transformée en eau, les océans se sont formés et la vie y est apparue. Ce sont des petits êtres vivants aquatiques appelés cyanobactéries qui ont commencé à fabriquer l'oxygène, il y a trois milliards d'années. Puis les plantes se sont développées, libérant encore plus d'oxygène !

Comment les poulpes fabriquent-ils leur encre ?

Les poulpes et les autres céphalopodes possèdent un petit sac qui fabrique l'encre et la stocke. On l'appelle la poche du noir. L'encre, elle, est un mélange de pigment noir et de mucus gluant. Quand le poulpe se sent menacé, il contracte cette poche et expulse l'encre. Cela laisse le temps au poulpe de s'échapper, et en plus, l'encre contient des produits qui perturbent l'odorat de l'agresseur !

Illustration : Mathilde Courtès

D'où vient le hoquet ?

Le hoquet peut se déclencher après avoir mangé rapidement ou trop, après avoir bu une boisson gazeuse... Il peut aussi être lié au stress ou à une émotion. Le hoquet est provoqué par une contraction involontaire et brutale des muscles lors d'une inspiration. Il s'agit des muscles intercostaux qui se trouvent entre les côtes et le diaphragme. Quand ces muscles se contractent, ils créent une aspiration qui oblige l'air à pénétrer à l'intérieur.
Le hoquet n'est pas dangereux. Le plus souvent, il ne dure que quelques minutes. Pour s'en débarrasser, il suffit de boire un verre d'eau très lentement en retenant sa respiration. Mais parfois, le hoquet peut durer deux jours...

Pourquoi notre devise est-elle : « Liberté, Égalité, Fraternité » ?

« Liberté, Égalité, Fraternité » est la devise de la République française depuis 1848. **Elle vient de la Révolution et de la Déclaration des droits de l'homme et du citoyen de 1789.** Avant cela, le pouvoir appartenait aux rois, aux nobles et aux religieux. Le peuple n'avait aucun droit. Cette devise signifie que les citoyens sont tous égaux. Elle est gravée sur le fronton des écoles et des mairies mais aussi sur les pièces de monnaie et les timbres.

Qui a inventé le rugby ?

C'est William Webb Ellis, un étudiant du Collège de la ville de Rugby, en Angleterre. En 1823, en plein match de football, le jeune homme aurait été le premier à prendre le ballon à la main et à le déposer dans le but adverse. Son geste inspirera un nouveau sport... le rugby ! Le ballon ovale a été inventé en 1835. Avec cette forme allongée, il est plus facile à attraper à la main mais plus difficile à contrôler !

C'est quoi, la guerre froide ?

La guerre froide a commencé après la Seconde Guerre mondiale, en 1947. **Elle a opposé le bloc de l'Ouest, dirigé par les États-Unis, au bloc de l'Est, dirigé par l'URSS*.** Ces deux superpuissances voulaient imposer aux autres pays leurs systèmes politiques et économiques : d'un côté, le capitalisme ; de l'autre, le communisme. Les deux camps possédaient la bombe atomique et menaçaient de s'en servir en cas de danger. Ce qui aurait déclenché une guerre nucléaire et aurait été catastrophique pour la planète. Voilà pourquoi ils se sont affrontés indirectement en utilisant des espions et en faisant la course aux armements. La guerre froide a duré jusqu'à l'effondrement de l'URSS, en 1991.

* Union des républiques socialistes soviétiques, 15 pays réunis, dont l'actuelle Russie.

Pourquoi l'Égypte est-elle le pays des chats ?

Dans l'Égypte antique, le chat était un animal sacré. Il était représenté par la déesse Bastet, symbole de la protection du foyer. Le chat était un des rares animaux momifiés après sa mort, comme les humains. Ses maîtres portaient le deuil et se rasaient les sourcils en signe de respect et de tristesse. Fidèles compagnons, les chats protégeaient aussi les récoltes contre les rongeurs.

Est-ce que les pirates existent encore de nos jours ?

Oui ! Mais ils ne portent plus de sabre à la ceinture. Certains naviguent en mer, un peu partout dans le monde. Ils attaquent des bateaux de commerce pour les dévaliser. D'autres agissent… sur Internet ! Les pirates informatiques peuvent voler des informations pour réclamer de l'argent en échange mais aussi pour révéler des secrets d'État.

À quoi servent les ongles ?

Les ongles sont pratiques pour se gratter, mais ce n'est pas leur seule fonction ! Leur rôle est aussi de **maintenir en place la masse de chair qui termine chaque doigt.** En la bloquant ainsi d'un seul côté, les ongles empêchent le bout des doigts de se déformer. Ce qui nous permet de saisir et de manipuler de petits objets avec une grande précision.

Pourquoi la pluie est-elle douce et la mer salée ?

L'eau de pluie vient surtout des mers et des océans, et pourtant… elle n'est pas salée ! Voici pourquoi. **Le vent et la chaleur font évaporer l'eau de mer.** Cette eau se transforme en gaz invisible que l'on appelle la vapeur d'eau. Cette dernière se mélange à l'air mais pas le sel qu'elle contient, le sel reste dans la mer. Le vent déplace l'air et l'eau invisible sur des grandes distances. Puis quand la vapeur d'eau rencontre de l'air plus froid, elle se transforme à nouveau en eau liquide. On dit qu'elle se condense. Des petites gouttes d'eau se forment dans l'air : des nuages apparaissent. (Les nuages se forment quand la vapeur d'eau, contenue dans l'air, se transforme en gouttes d'eau au contact d'une masse d'air plus froide.) Enfin, quand ces gouttelettes deviennent trop lourdes, elles tombent et il pleut de l'eau devenue douce.

Comment se diffuse la peste en 1347 ?

Au Moyen Âge, les premiers cas de peste se déclarent en Asie. **Cette maladie serait ensuite arrivée en Europe par l'intermédiaire des bateaux de commerce.** En plus de leur cargaison, ces navires auraient transporté des marins porteurs de la peste. En débarquant dans les ports méditerranéens, ils auraient contaminé la population.

Pourquoi les serpents ont-ils la langue fourchue ?

Les deux pointes de la langue servent à détecter les odeurs. Quand le serpent rentre sa langue, ses deux pointes se placent dans les deux creux d'un organe particulier situé dans la gueule : l'organe de Jacobson. Il est tapissé de capteurs qui analysent les odeurs récoltées par la langue.

Qui était le Masque de fer ?

En 1669, Louis XIV a fait arrêter un homme qui est resté en prison 34 ans et qui y est mort. Il portait un masque de fer, quand il changeait de prison, d'où son surnom. On a raconté qu'il était un jumeau du roi, mais c'est impossible, car la reine accouchait en public. Si elle avait eu des jumeaux, la Cour l'aurait su. **Le Masque de fer serait un valet qui aurait surpris un secret d'État.**

Pourquoi y a-t-il de la mousse sur les arbres ?

Les mousses s'installent partout où elles trouvent de l'humidité. Elles n'ont pas besoin de terre. Elles sont capables de pousser à même l'écorce des arbres, sur des rochers ou sur des murs en béton.

Quel est le jeu préféré des chiens ?

Le jeu classique est celui de rapporter une balle, car les chiens aiment courir ! Mais aller chercher et donner la balle n'est pas naturel pour un chien. Il doit apprendre à le faire. Il peut aussi jouer à chercher un objet caché. En revanche, n'essaie pas d'arracher à un chien quelque chose qu'il tient dans sa gueule. Cela l'exciterait et il risquerait de mordre. Le jeu doit rester un moment de complicité entre le chien et son maître.

Qui est Anne Frank ?

Anne Frank était une adolescente juive d'origine allemande. En 1934, le régime nazi s'en est pris aux Juifs. Toute sa famille a dû fuir aux Pays-Bas. Mais pendant la Seconde Guerre mondiale, l'Allemagne a occupé ce pays. La famille s'est donc cachée. Anne avait 13 ans lorsqu'elle a commencé à écrire son journal intime. Elle a raconté dans ses pages la peur d'être découverte. En 1944, elle et ses proches ont été dénoncés et les nazis les ont envoyés dans un camp de concentration. Anne y est morte en 1945. Son père, seul survivant, a alors décidé de faire publier le journal de sa fille.

Que font les abeilles en hiver ?

Les abeilles restent dans leur ruche ! Elles se tiennent serrées les unes contre les autres, près de leurs provisions de miel. Elles se relaient pour battre des ailes, ce qui maintient la ruche au chaud.

Pourquoi un ballon qui éclate fait-il du bruit ?

L'air à l'intérieur d'un ballon est légèrement écrasé par la paroi de celui-ci. On dit que l'air est sous pression. Lorsque le ballon éclate, **l'air s'étale et reprend sa place brutalement**. Alors, il bouscule l'air qui est autour de lui. On dit qu'il se produit une onde de choc.
Cette dernière voyage dans l'air comme une vague à la surface de la mer. Et quand l'onde de choc atteint nos oreilles, on entend un boum !

Qui a inventé le travail avec un salaire ?

Ce sont les Romains, pendant l'Antiquité. Le soldat romain était payé avec de l'argent. De plus, il recevait une ration de sel, appelée salarium. C'est ce qui a donné le mot « salaire ». Le sel était précieux, car il permettait de conserver les aliments. Le soldat touchait aussi de l'argent pour renouveler les clous de ses chaussures. Il faut dire qu'il marchait beaucoup !

Pourquoi mon chat enterre-t-il ses cacas ?

Ce n'est pas par souci de propreté ! **C'est un comportement que le chaton sauvage apprend avec sa mère.** Car dans la nature, les chatons peuvent être des proies. Aussi, la chatte prend-elle soin d'enterrer leurs crottes pour que l'odeur n'attire pas un prédateur. Une fois adulte, un chat domestique enterre ses crottes en signe de soumission. Mais il peut, au contraire, les placer en évidence pour marquer son territoire.

Pourquoi l'Arc de Triomphe a été construit ?

C'est Napoléon Bonaparte qui a décidé sa construction pour célébrer sa plus grande victoire militaire : la bataille d'Austerlitz, en 1805. L'Arc de Triomphe était aussi une porte d'entrée dans Paris lorsque l'Empereur et ses troupes revenaient de la guerre. La première pierre a été posée en 1806, et le monument a été achevé trente ans plus tard.

Comment les poux naissent-ils ?

Comme tous les insectes, les poux naissent d'un œuf. La femelle pond ses œufs, les lentes, en les fixant à la base d'un cheveu. Quand les œufs éclosent 7 à 10 jours plus tard, une larve en sort. La larve devient un pou adulte en 10 à 15 jours. Ces poux peuvent vivre et se reproduire pendant 1 ou 2 mois tant qu'ils sont à l'abri dans une chevelure !

Comment les dents tombent-elles ?

Les dents de lait tombent quand elles sont usées. Mais ce n'est pas parce qu'on les utilise trop ! Ce sont les dents définitives qui poussent juste en dessous, et qui usent la racine des premières dents petit à petit. Et quand la racine d'une dent de lait a complètement disparu, la dent tombe ! Cela signifie qu'une dent définitive va très bientôt sortir de la gencive.

Pourquoi fête-t-on le poisson d'avril et pas le chat d'avril ?

Avant, l'année débutait le 1er avril. Au XVIe siècle, le roi français Charles IX décida que l'année débuterait le 1er janvier. Alors, les farceurs, en souvenir des étrennes, offraient des cadeaux pour rire le 1er avril. Comme cette date était proche de la fin du carême, période durant laquelle les chrétiens ne mangeaient pas de viande, **le poisson était le cadeau le plus courant.**

Qu'est-ce que c'est, le 7e continent ?

C'est une concentration de déchets en plastique qui ne cesse de s'étendre au nord de l'océan Pacifique. Sa surface serait équivalente à six fois celle de la France. Ce sont les courants marins qui ont accumulé ces déchets rejetés par les humains. Cette pollution tue aussi des poissons, des tortues et des mammifères marins !

Quelle est la cause de la 1ère Guerre mondiale ?

En 1914, de vieilles rivalités existent entre les pays d'Europe. À cette période, la France veut reconquérir l'Alsace-Lorraine, annexée en 1870 par l'Allemagne. L'Allemagne se sent menacée par les Russes. La Russie veut protéger les Slaves de l'Autriche-Hongrie… Quand l'archiduc d'Autriche est assassiné en juin 1914, l'Europe bascule dans la guerre à cause des accords entre les pays…

D'où viennent les graines ?

Les graines poussent dans les fruits. Et les fruits sont le résultat de la transformation d'une fleur qui a été fécondée. **La graine est donc issue de la fleur.** Mais sur certaines plantes comme les conifères, les fleurs sont un peu spéciales : les graines sont contenues dans des cônes.

Depuis quand le ver de terre existe-t-il ?

Les plus anciennes galeries de vers marins datent de 400 millions d'années. Les vers sont devenus terrestres plus tard, quand les champignons puis les plantes ont conquis les continents et contribué à former le sol.

POURQUOI le chocolat est-il mauvais pour les chiens ?

Le chien est un animal carnivore et tous nos aliments ne lui conviennent pas. Ainsi, le chocolat contient une substance que le chien ne digère pas: la théobromine. Elle peut l'intoxiquer et même le tuer. Mais comme pour tous les poisons, tout dépend de la quantité absorbée et du poids de celui ou celle qui l'avalera. La même quantité de chocolat peut être toxique pour un petit chien, pas pour un gros. Le chocolat est aussi dangereux pour les chats.

Pourquoi la baleine fait-elle un jet d'eau ?

Ce jet d'eau est le souffle de la baleine ! Il peut atteindre plusieurs mètres de hauteur. **Il apparaît au moment où la baleine expire l'air de ses poumons.** En s'échappant, l'air pulvérise un peu d'eau de surface. Et comme ce souffle est chaud et chargé de vapeur d'eau et de gouttelettes huileuses, il forme une sorte de nuage au contact de l'air plus froid.

Qui a inventé les jours de la semaine ?

Le nom des jours date de l'Antiquité romaine. Chaque jour évoque un dieu romain. Lundi est le jour de la Lune, représentée par la déesse Diane. Mardi est le jour de Mars ; mercredi, de Mercure ; jeudi, de Jupiter ; vendredi, de Vénus ; et samedi, de Saturne ! Dimanche (qui vient de *dies dominicus*, « jour du Seigneur » en latin) évoque la religion chrétienne.

Les reines du Moyen Âge avaient-elles des droits ?

Illustration : Corcal

Tu parles sûrement du droit de régner. **Au Moyen Âge, en France, les reines ne régnaient pas.** En effet, une règle, dite loi salique, stipulait que seul un garçon pouvait hériter de la couronne. Mais si le roi mourait et que leur fils était trop jeune, la reine assurait le pouvoir. Ainsi, au XIIIe siècle, Blanche de Castille a gouverné quand son fils Louis IX a été couronné, à 12 ans.

Pourquoi ne mangeons-nous pas d'herbe ?

L'herbe est surtout composée d'une matière qu'on appelle la cellulose. Mais **notre corps ne peut pas la digérer.** Et pour tirer assez d'énergie de l'herbe, il nous faudrait en manger énormément. Pourtant, l'herbe est importante dans notre alimentation, car elle nourrit les vaches, les moutons, les chèvres… Et grâce à eux, nous avons du lait et de la viande.

POURQUOI les cheveux bouclent-ils sur certaines personnes ?

Parce que nous n'avons pas tous la même forme de cheveux !
En effet, leur section peut être ronde ou aplatie.
Les cheveux raides sont ronds comme des spaghettis et ils restent bien droits. Alors que les cheveux frisés sont plats comme des tagliatelles, ils se plient et se tordent. Ils forment alors des boucles et on dit qu'ils sont frisés.

Qui a inventé la voiture ?

En 1769, le Français Joseph Cugnot a inventé un chariot à trois roues muni d'une chaudière.
On l'appelle le fardier. Cette machine à vapeur avançait à 4 km/h !

L'automobile moderne est née avec le moteur à explosion, plus efficace que la vapeur. En 1886, l'Allemand Carl Benz a équipé un tricycle d'un moteur à pétrole.

Qui a inventé les Jeux olympiques ?

Les premiers J.O. ont eu lieu en - 776, à Olympie, en Grèce. Ils se déroulaient tous les 4 ans, avec des athlètes venus de tout le pays. Pendant les jeux, les guerres entre les cités grecques étaient interdites.

Pourquoi les vaches sont-elles sacrées en Inde ?

Dans l'hindouisme, la plus importante religion en Inde, **la vache est vénérée parce qu'elle est le symbole de la vie** grâce à son lait nourrissant. D'ailleurs, son meuglement se dit « mâ », ce qui signifie « maman » en langue indienne. Les hindous n'ont pas le droit d'insulter ou de frapper une vache, et encore moins de la manger !

Comment paye-t-on les enseignants puisque les élèves ne payent pas l'école ?

Les enseignants, qu'ils travaillent dans une école publique ou une école privée, sont tous payés par l'État. Et pour avoir de l'argent, l'État prélève des impôts. La moitié des impôts provient de la TVA, une taxe que l'on paye sur chaque objet acheté. Les Français paient aussi un impôt sur le revenu, en fonction de leur salaire.

Pourquoi a-t-on le nez bouché quand on a un rhume ?

Parce que le nez se défend contre des microbes. Pour évacuer ces microbes, le nez fabrique beaucoup de mucus. Il fait aussi venir plus de sang. Ce sang apporte des globules blancs pour détruire les indésirables. Mais tous ces vaisseaux sanguins qui se remplissent font gonfler l'intérieur du nez. Alors il y a moins de place ! Le mucus déborde et l'air a du mal à circuler, d'où cette sensation de nez bouché.

Comment Notre-Dame de Paris a-t-elle brûlé ?

Le 15 avril 2019, la cathédrale Notre-Dame de Paris était ravagée par un incendie. **Les experts pensent qu'il s'agit d'un accident** et ils enquêtent toujours pour savoir ce qui a causé le départ du feu. L'incendie aurait pris sous la flèche de la cathédrale, dans une zone en travaux. Une première alarme a retenti à 18 h 20, mais personne n'a vu de flammes. Les pompiers n'ont été alertés qu'à 18 h 50, quand de la fumée est apparue dans la toiture. Le feu était déjà bien installé quand les lances à eau sont entrées en action. Au péril de leur vie, les pompiers se sont battus toute la nuit pour sauver les deux tours de Notre-Dame. La cathédrale a rouvert ses portes en décembre 2024, après cinq ans de travaux.

Quelle est l'origine du sapin de Noël ?

Illustration : Isacile

Les premiers sapins de Noël datent du Moyen Âge, en Europe du Nord. Cette tradition s'inspire d'un rituel ancien pratiqué pour le solstice d'hiver, le 21 décembre, jour le plus court de l'année. On décorait des branches de sapin en espérant que cela aiderait à avoir une bonne récolte l'année suivante. En France, le sapin de Noël est apparu pour la première fois en Alsace, au XVIe siècle. Puis cette tradition s'est répandue dans toute l'Europe.

Comment les cheveux deviennent-ils blancs ?

La couleur des cheveux est due à un produit, la mélanine, qui est fabriquée par la peau. La mélanine pénètre dans les cheveux à l'endroit où ils poussent, dans les follicules pileux. La peau qui est à la base des cheveux cesse peu à peu de fabriquer la mélanine : les cheveux poussent alors tout blancs.

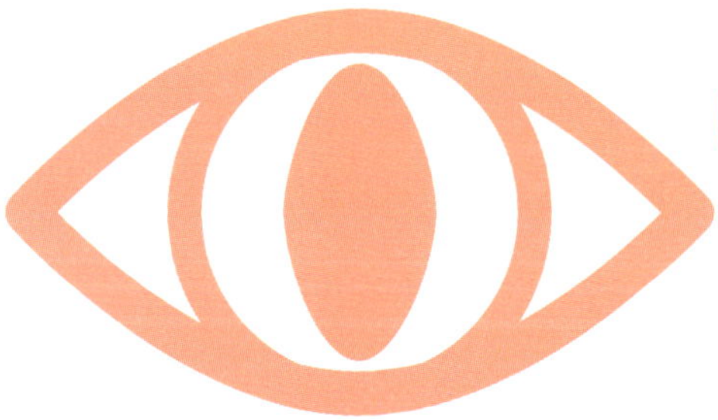

Comment le chat voit-il dans le noir ?

Les chats parviennent à voir dans l'obscurité grâce à une sorte de miroir situé au fond de leurs yeux : le *tapetum lucidum*. Celui-ci amplifie la lumière captée par l'œil du chat, même si elle est faible. C'est aussi le *tapetum lucidum* qui fait briller les yeux des chats quand on les éclaire, la nuit. Mais les chats ne peuvent pas voir dans le noir complet. Ils utilisent alors leurs moustaches pour repérer les obstacles.

Pourquoi les animaux ont-ils une queue ?

Pour chaque animal, la queue a sa propre utilité ! La queue est constituée de plusieurs petites vertèbres situées au bout de la colonne vertébrale. Chez beaucoup d'animaux terrestres, la queue est longue, flexible et musclée : elle sert de balancier et permet de garder l'équilibre à la course ou en saut. Des animaux comme les singes utilisent aussi leur queue pour s'accrocher : on dit que c'est une queue préhensile. Une longue queue peut aussi servir de fouet, par exemple pour se débarrasser des insectes, ou encore de couverture pour se protéger du froid. Et sous l'eau, la queue des poissons et des mammifères marins peut servir à se propulser ou à changer de direction.

Quelle est la vraie forme des étoiles ?

Les étoiles sont des boules de gaz très chaudes et très brillantes, comme le Soleil. On les représente sous forme d'étoiles c ar de la lumière s'en échappe dans toutes les directions Cependant, on sait désormais que le Soleil a bien une sorte de couronne hérissée tout autour de lui Et il est certain que d'autres étoiles en possèdent aussi.

Que provoque la collision des plaques terrestres ?

La croûte terrestre est formée de plusieurs plaques. À certains endroits, **ces plaques s'écrasent les unes contre les autres.** Alors la croûte terrestre se plisse et forme les montagnes.

Pourquoi les insectes sont-ils attirés par la lumière ?

Les insectes confondent la lumière artificielle avec la lune. La nuit, ils s'orientent grâce à elle. Alors, quand ils se retrouvent face à une ampoule qu'ils ont prise pour la lune, ils sont déboussolés !

Qui a inventé le dentifrice ?

Le dentifrice a été fabriqué à la fin du XIXe siècle par Washington Sheffield. Au début, ce dentiste américain a vendu cette pâte mentholée dans des pots. Mais son fils Lucius lui a proposé d'améliorer ce contenant. Washington s'est alors inspiré des peintres, qui ont inventé le tube souple en étain pour leurs couleurs. Le tube de dentifrice était né !

Pourquoi les hommes préhistoriques dessinaient-ils des animaux ?

Les humains préhistoriques ont peint, gravé ou sculpté des animaux, notamment sur les murs des grottes. Ces dessins de bisons, chevaux, mammouths ou ours fidèlement représentés leur permettaient de communiquer entre eux et de transmettre leur vision du monde. On pense que cela pouvait aussi avoir une signification religieuse et que ces humains préhistoriques tentaient peut-être d'entrer en contact avec les esprits de la nature.

Comment les scientifiques font-ils pour peser une baleine ?

Pas facile de sortir une baleine de l'eau pour la peser ! Aujourd'hui, plusieurs techniques permettent d'obtenir ce résultat. En fait, **on ne la pèse pas : on estime son poids.** Des formules mathématiques permettent de calculer le poids d'un animal lorsqu'on connaît sa longueur. Des drones peuvent prendre ces mesures. Toutefois, il arrive aussi qu'on pèse un animal échoué.

Pourquoi a-t-on des dents de lait ?

Les dents de lait sont adaptées à la taille de la bouche des jeunes enfants. Elles sont petites et commencent à être remplacées par des dents plus grandes, les dents définitives, vers l'âge de 6 ans.

Pourquoi les plantes existent-elles ?

On ne sait pas. Ce que l'on sait, c'est qu'il y a 2 milliards d'années, les toutes premières plantes ne vivaient que dans l'eau. Puis il y a 475 millions d'années, des plantes ont réussi à pousser hors de l'eau. Petit à petit, elles ont occupé toute la planète. Depuis, elles jouent un rôle indispensable dans la nature, car elles sont à la base de la chaîne alimentaire : des millions d'espèces vivantes s'en nourrissent, y compris les humains !

Pourquoi les hamsters dorment-ils le jour et pas la nuit ?

Dans la nature, le hamster sauvage, qu'on appelle le grand hamster, se réfugie le jour dans son terrier et sort la nuit. On dit que c'est un animal nocturne. En étant actif pendant que d'autres animaux dorment, **le hamster évite une grande partie des prédateurs.** Le hamster domestique a gardé ce mode de vie nocturne. Ton hamster dort le jour et il s'active la nuit. Alors, évite de le déranger durant la journée !

Pourquoi les chiens ont-ils la truffe mouillée ?

La truffe des chiens sécrète un liquide transparent : le mucus. C'est ce liquide qui donne un aspect mouillé à la truffe. Il capture les molécules odorantes qui flottent dans l'air et permet donc au chien de mieux capter les odeurs. C'est en partie grâce au mucus que les chiens ont un bien meilleur odorat que les humains ! Si la truffe de ton chien devient parfois chaude ou sèche, cela ne veut pas forcément dire qu'il est malade. Mais si cela dure plusieurs jours ou que des blessures apparaissent, emmène ton animal chez un vétérinaire.

Pourquoi ne sentons-nous pas la Terre tourner ?

Même si elle tourne sur elle-même à 1 670 km/h, la Terre n'accélère ni ne ralentit. C'est comme dans une voiture. Au démarrage, on sent la force qui pousse pour accélérer. Au freinage, on sent celle qui nous ralentit. Mais quand la voiture conserve sa vitesse, on ne subit plus ces forces. On ne sent donc plus le mouvement. Ainsi, aucun Terrien ne s'aperçoit de la rotation de la Terre.

Illustration : Noëlle Letzelter

Pourquoi l'année scolaire commence-t-elle en septembre ?

À la fin du XIXe siècle, au moment où l'école est devenue obligatoire, les enfants devaient encore aider leurs parents aux champs. Et c'est l'été qu'il y avait le plus de travail, avec les moissons et les vendanges. Pour cette raison, la rentrée a été décalée en septembre. À cette époque, il y avait un mois de vacances. Ensuite, la durée des vacances a régulièrement augmenté, notamment avec la création des congés payés, en 1936. Grâce à eux, toute la famille a pu partir en vacances !

POURQUOI l'espace est-il bleu foncé et le ciel, bleu clair ?

C'est vrai, le ciel n'a pas toujours la même couleur. La nuit, le ciel est noir et constellé d'étoiles : c'est l'espace qu'on voit, car la couche d'air qui entoure la Terre est totalement transparente. Mais le jour, l'atmosphère est éclairée par le soleil. Et l'air dévie une partie de la lumière bleue qui se disperse dans toutes les directions. Ainsi, l'air s'illumine en bleu et nous empêche de voir l'espace. En fait, dans la journée, c'est l'air que nous voyons dans le ciel.

Qui a inventé la gymnastique ?

Gymnastique vient du grec *gymnos* qui veut dire « nu ». En effet, **ce sont les Grecs de l'Antiquité qui ont inventé cette discipline** et ils la pratiquaient entièrement nus pour assouplir et échauffer leurs muscles. Lors des jeux Olympiques antiques, la gymnastique regroupait des courses de vitesse, du saut en longueur, de la lutte, du lancer de javelot…

Pourquoi les pyramides d'Égypte ont-elles cette forme ?

La forme pyramidale rappelle les rayons obliques du Soleil. Les Égyptiens vénéraient Rê, dieu du Soleil. Les historiens pensent que la forme de la pyramide, tombeau du pharaon, permettait à ce dernier de rejoindre plus facilement le dieu Rê. Ce qui est sûr, c'est que ce monument était fait pour impressionner et montrer la puissance du pharaon !

Que mangent les ours ?

Les ours mangent de tout : des fruits, des feuilles, des champignons, d'autres animaux... Ce sont des omnivores. On dit aussi qu'ils sont opportunistes, car ils changent leur alimentation en fonction de ce qu'ils trouvent, au fil des saisons. Mais certains ours ont un régime particulier : le grand panda ne mange quasiment que des bambous, et l'ours polaire est essentiellement carnivore.

Comment se crée un aphte ?

Un aphte est une petite zone à l'intérieur de la bouche où la peau est détruite. On appelle cela une ulcération. On ne sait pas encore ce qui déclenche les aphtes. On sait en revanche qu'ils ne sont pas provoqués par des microbes. Mais certains aliments et le stress semblent les favoriser.

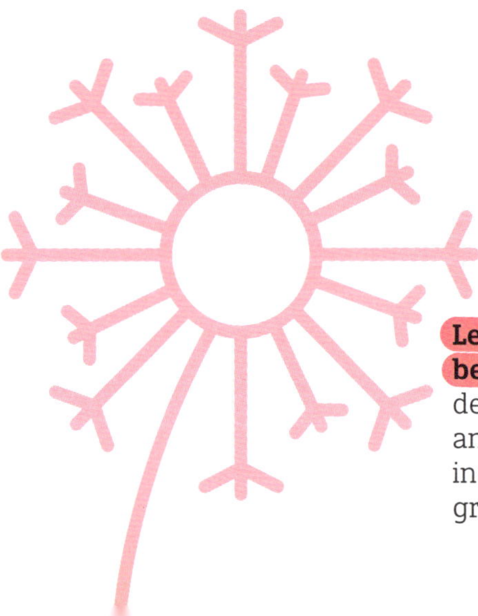

Pourquoi il y a des fleurs qui ne sentent rien ?

Les plantes qui ne fabriquent pas de parfum n'ont pas besoin d'attirer les insectes pour se reproduire. Le pollen de leurs fleurs est transporté par le vent. On dit qu'elles sont anémogames. Mais de nombreuses plantes ont besoin des insectes pour faire voyager leur pollen. Alors, elles les attirent grâce aux couleurs et à l'odeur que dégagent leurs fleurs.

Pourquoi la mer est-elle bleue ?

Tout d'abord, **parce que la surface de la mer est brillante !** Alors, quand il fait beau, elle réfléchit la couleur du ciel. Mais surtout, l'eau en très grande quantité n'est pas parfaitement transparente. Ainsi, quand la lumière éclaire une grosse épaisseur d'eau, elle change de couleur. En effet, la lumière du Soleil est en fait composée de plusieurs lumières colorées. Ces dernières apparaissent quand on voit des arcs-en-ciel. Or, dans les vingt-cinq premiers mètres de profondeur, l'eau absorbe les couleurs rouge et jaune. La lumière qui traverse l'eau prend alors une teinte bleutée, colorant ainsi la mer.

Pourquoi les poissons-clowns vivent-ils dans les anémones ?

Les poissons-clowns se cachent dans les tentacules des anémones pour se mettre à l'abri des prédateurs. Mais les tentacules sont urticants, alors les poissons-clowns se protègent en se frottant aux anémones. Ainsi, ils s'enduisent d'une substance qui les rend insensibles aux piqûres. En échange, ils nettoient les tentacules des anémones et les défendent contre d'autres poissons.

À quoi sert le savon ?

Le savon sert à laver, car l'eau seule ne nettoie pas bien. En effet, les matières grasses ne se mélangent pas à l'eau, alors l'eau ne peut pas les enlever. Heureusement, il y a le savon ! Ce dernier a la particularité de se coller à ce qui est gras tout en se mélangeant à l'eau. Ainsi, le savon attrape toutes les saletés grasses et les emporte dans l'eau quand on se rince.

Pourquoi les étoiles ne tombent-elles pas sur nos têtes ?

Les étoiles ne sont pas perdues et isolées dans l'univers. Elles forment des paquets gigantesques que l'on appelle des galaxies. Au centre de chacune d'elles, il y a un trou noir super massif qui attire les étoiles. Elles tournent lentement autour de lui. On dit que les étoiles « gravitent ». Et nous, nous suivons le mouvement !

Pourquoi la lumière bleue n'est-elle pas bonne pour les yeux ?

Seule la lumière bleu-violet est mauvaise pour les yeux, car elle transporte beaucoup d'énergie. On l'appelle d'ailleurs « lumière à haute énergie visible » ou HEV. Elle finit par abîmer la rétine qui est au fond des yeux. Or, les écrans à LEDs en émettent beaucoup. Il est donc important de baisser leur luminosité et de ne pas les utiliser trop longtemps.

Qui a inventé la danse ?

Des humains préhistoriques ! On a retrouvé des peintures montrant des danseurs. Certains pensent que ces danses étaient exécutées par des sorciers pour, peut-être, entrer en contact avec les esprits de la nature auxquels ils croyaient.

Quel est le plus grand oiseau du monde ?

Le plus grand des oiseaux actuels est l'autruche. Elle mesure 2,70 mètres du sol au sommet de sa tête. Cependant, elle ne vole pas mais elle se déplace en courant. **L'oiseau volant qui a les plus grandes ailes, c'est l'albatros hurleur.** Avec des ailes de 3,60 mètres d'un bout à l'autre (on dit aussi 3,60 m d'envergure), il survole l'océan Antarctique, sans presque jamais se poser.

Les volcans d'Auvergne vont-ils se réveiller ?

Ce n'est pas impossible ! Les dernières éruptions volcaniques en Auvergne ont eu lieu il y a 7 000 ans. Les plus anciennes datent de 65 millions d'années. Et il peut s'écouler plusieurs dizaines de milliers d'années entre deux éruptions. Aujourd'hui, les volcans d'Auvergne sont très surveillés par les scientifiques et rien n'indique qu'ils vont se réveiller. Ouf !

Qui a inventé le papier ?

Ce sont les Chinois, dans l'Antiquité. Ils ont d'abord fabriqué du papier pour faire des lanternes et des vitres. Puis vers l'an 105, ils ont conçu un papier de meilleure qualité sur lequel on pouvait écrire.

Pourquoi les fruits poussent-ils sur des arbres et les légumes par terre ?

Pour les scientifiques, un fruit est une fleur qui s'est transformée. Un fruit contient des graines qui donneront de nouvelles plantes. Le melon et la tomate sont des fruits. **Tous les fruits ne poussent donc pas sur un arbre !** Les légumes, en revanche, peuvent être les racines, la tige, la feuille ou la fleur de la plante.

Qui était le plus grand empereur de Chine ?

Qin Shi Huangdi est l'un des plus importants empereurs. En 221 av. Jésus-Christ, il a fondé le premier empire de Chine. Pour rassembler les différents peuples de cet empire, il a imposé la même monnaie, les mêmes poids et mesures et la même écriture. Pour protéger la Chine des invasions, il a fait construire la Grande Muraille qui est aujourd'hui le plus long monument du monde.

Pourquoi les insectes font BZZZZ ?

De nombreux insectes font du bruit en volant, car **leurs ailes battent tellement vite qu'elles font vibrer l'air autour d'elles.** On appelle ce bruit le bourdonnement… un mot qui rappelle « bourdon ».

Qui a inventé l'esperluette ?

L'esperluette est le signe « & » que tu peux voir sur les claviers d'ordinateur. Il veut dire « et ». Au Moyen Âge, les moines copistes écrivaient souvent « et ». Ils ont fini par mélanger les deux lettres et créer… ce symbole !

Pourquoi n'a-t-on pas tous la même couleur de cheveux ?

Cette couleur provient de la mélanine, un pigment fabriqué par la peau. Il en existe deux sortes : l'eumélanine et la phéomélanine. La première est très foncée et donne des cheveux bruns. La seconde est jaune à rouge, elle donne les cheveux blonds ou roux. On fabrique l'une ou l'autre, ou un peu des deux ; cela dépend des gènes que tu as hérité de tes parents.

Pourquoi mon lapin remue-t-il sans cesse son museau ?

Les narines de ton lapin s'écartent en permanence pour laisser passer l'air. Cela montre que ton lapin respire bien, et aussi qu'il renifle pour percevoir les odeurs contenues dans l'air. Son très bon odorat lui permet de sentir de la nourriture ou un danger à proximité. C'est pratique, car il ne voit pas très bien devant lui à cause de ses yeux situés de chaque côté de la tête. Quand ton lapin est détendu, les mouvements de son nez ralentissent.

Pourquoi le train qu'on essaie au Japon ne roule-t-il pas sur des rails ?

Le Maglev japonais détient un record de vitesse sur rail : 603 km/heure. **Il atteint cette vitesse grâce à des aimants et à des bobines « supraconductrices ».** Les premiers sont fixés au train, les secondes sont installées dans le rail. Ainsi, le train avance sur un monorail sans le toucher : on dit qu'il est propulsé par sustentation. La première ligne sera inaugurée en 2027.

À quoi ça sert de rêver ?

Les rêves gardent ton cerveau en bonne santé. Grâce à eux, le cerveau organise les informations qu'il a reçues au cours de la journée. Ainsi, les rêves te permettent de mémoriser des informations, d'apprendre, de gérer tes émotions et aussi d'oublier certaines choses. Des rêves permettent même au cerveau de s'entraîner à affronter de futures situations !

Illustration : Yann Cozic

Pourquoi les camions des facteurs sont-ils jaunes ?

Depuis 1962, les véhicules de la Poste sont jaunes pour être plus visibles sur la route. Avant, ces voitures étaient grises ou vertes et avaient souvent des accidents. La marque Citroën a donc décidé de créer une couleur plus voyante : le « jaune PTT ».

Illustration : Éric Meurice

Pourquoi les poules doivent couver un œuf pour qu'il devienne un poussin ?

Comme la majorité des oiseaux, les poules couvrent avec leur corps les œufs qu'elles ont pondus. On parle de couvaison ou d'incubation. **La chaleur du corps de la poule permet à l'embryon de se développer et de grandir à l'intérieur de l'œuf,** jusqu'à l'éclosion. L'incubation dure 21 jours. Et en plus, quand la poule couve, elle protège ses œufs de ceux qui pourraient les manger !

Le lion est-il vraiment le roi des animaux ?

Cette expression vient sûrement de sa crinière qui ressemble à une couronne. Les lions sont des prédateurs, mais ce sont surtout les lionnes qui chassent en groupe. Elles sont « les reines de la savane ». Un lion chasse peu mais il se sert en premier sur le butin des femelles. Puis ce « roi » digère et dort près de 20 heures sur 24. Royal !

Comment les tempêtes et les cyclones se produisent-ils ?

C'est l'énergie du Soleil qui est à l'origine de ces phénomènes météorologiques. En effet, la lumière solaire chauffe le sol et la surface des océans, qui réchauffent à leur tour l'air situé juste au-dessus. Or quand l'air se réchauffe, il devient plus léger et il s'élève en altitude : c'est une dépression. Ce mouvement d'air aspire alors l'air plus froid autour de lui en créant du vent. Quand la dépression est importante, les vents sont très forts : une tempête se forme. Un cyclone est une tempête particulière parce qu'il naît en mer, près de l'équateur. La dépression qui en est à l'origine est due à une masse d'air chaude et très humide. Cette masse d'air se forme au-dessus de l'océan quand l'eau de mer atteint 26 degrés sur 50 mètres de profondeur !

Comment fabrique-t-on le sable ?

Le sable est constitué de grains de roches plus ou moins fins. Ils sont arrachés aux rochers par la pluie, les rivières ou la mer. Ils sont ensuite transportés par l'eau ou par le vent. On peut aussi fabriquer du sable en cassant des cailloux. Mais le plus souvent, on l'extrait du fond des mers ou du lit des fleuves où il s'est accumulé.

Y a-t-il encore des animaux qu'on n'a pas découverts ?

Oui, il y en a énormément ! Les scientifiques ont décrit près de 2 millions d'espèces vivantes sur Terre. Mais il y en aurait 4 ou 5 fois plus ! La majorité des mammifères, des oiseaux et des reptiles est connue. Mais il y a encore beaucoup d'insectes et autres invertébrés à découvrir, surtout dans les forêts tropicales et au fond des mers.

QUI a inventé le métro ?

Le premier métro est celui de Londres, inauguré le 10 janvier 1863. La capitale du Royaume-Uni était alors la ville la plus peuplée du monde. Le premier tronçon du métro était long de 6,5 kilomètres et les wagons étaient tirés par une locomotive à vapeur. Le métro londonien a été surnommé *The Tube*, car ses tunnels ont la forme d'un tube. En France, la première ligne de métro a ouvert à Paris, en 1900.

Est-ce qu'on peut savoir à quoi rêve un animal ?

Ce n'est pas facile, car les animaux ne parlent pas pour nous raconter leurs rêves ! Mais en observant un animal et en enregistrant l'activité de son cerveau pendant son sommeil, les scientifiques peuvent détecter les périodes de rêve. Ils en ont repéré chez presque tous les mammifères ainsi que chez les oiseaux. Par contre, le dauphin ne montre pas de signes de rêve...

Qui a inventé l'heure ?

Le découpage du temps en heures remonte à 5000 ans ! À cette époque, les habitants de Mésopotamie (aujourd'hui l'Irak) comptaient sur leurs doigts « en base 60 », c'est-à-dire qu'ils utilisaient les trois phalanges de leurs quatre doigts et pointaient avec le pouce pour compter. Avec la main gauche, on pouvait ainsi représenter les nombres de 1 à 12. Pour pouvoir représenter des nombres plus grands, on utilisait les doigts de la main droite. Comme chaque doigt a 3 phalanges, on ne pouvait pas représenter un nombre plus grand que 60. Cette base 60 sert encore de nos jours pour la mesure du temps. 1 heure compte 60 minutes et 1 minute compte 60 secondes.

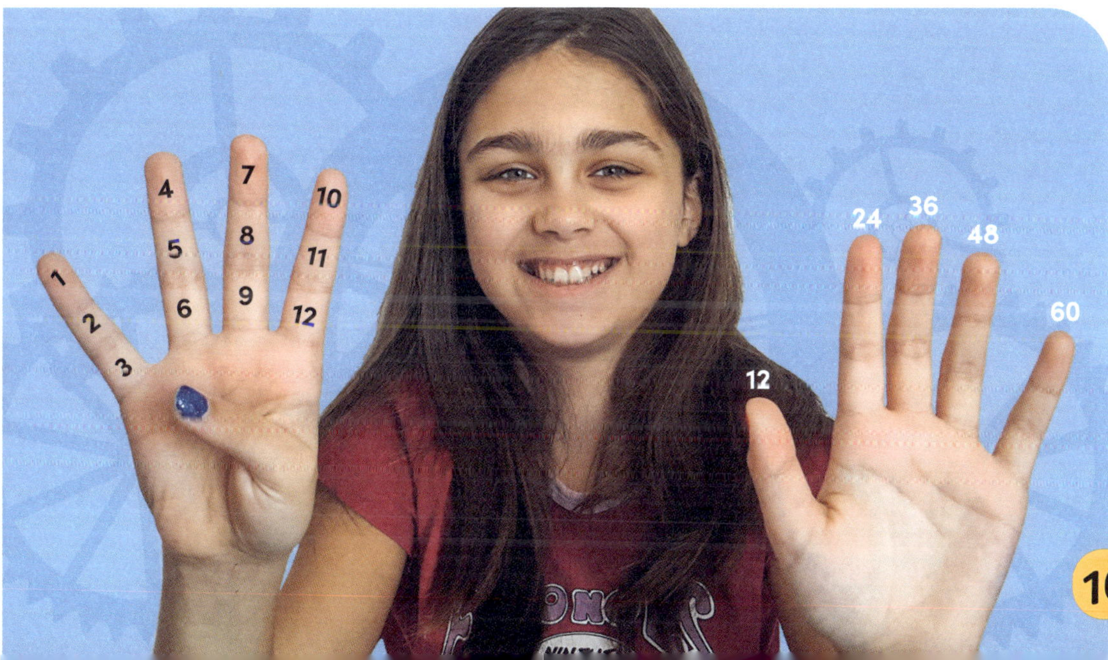

En quoi sont faites les ailes des insectes ?

Leurs ailes sont formées par deux membranes d'une matière semblable à celle qui recouvre leur corps. Elles sont parcourues par des nervures qui rendent l'aile rigide et dans lesquelles circulent de l'air et le sang des insectes, appelé l'hémolymphe. Chez les papillons, les ailes ont, en plus, une couche d'écailles colorées, dessus et dessous.

Le cheval a-t-il un os dans la queue ?

Oui ! Comme chez la plupart des mammifères, la queue est formée par l'extrémité de la colonne vertébrale. Chez le cheval, cette partie osseuse est assez courte, mais elle supporte de longs crins.

Pourquoi avons-nous des boutons sur la peau quand nous avons froid ?

Nos poils, même s'ils sont fins, nous aident à garder notre chaleur. Quand nous avons froid, ils se dressent pour créer une couche d'air isolant. Ce sont des petits muscles qui les font bouger : les muscles horripilateurs. Lorsque ces muscles se contractent, cela provoque **un petit bourrelet de peau autour de chaque poil.** On dit alors qu'on a « la chair de poule ».

Quelle est l'origine de la fête de Noël ?

Le 25 décembre, c'est Noël ! **Cette fête chrétienne célèbre la naissance de Jésus.** Le mot Noël vient du latin *natalis* qui veut dire « naissance ». Les historiens savent que Jésus a vraiment existé, mais ils ont des doutes sur la date de sa naissance. Alors, pourquoi fête-t-on Noël le 25 décembre ? Parce qu'au IVe siècle, l'Église chrétienne a décidé de fêter la naissance de Jésus en même temps qu'une fête du soleil célébrée à Rome. En effet, fin décembre, le soleil semble renaître, car les jours rallongent. Pour fêter ce retour du soleil, les Romains s'offraient des cadeaux et décoraient leurs maisons avec des branches de sapin, un arbre qui reste vert toute l'année. La tradition des cadeaux et du sapin est restée.

Est-ce que les plantes carnivores sont dangereuses pour nous ?

Non, les plantes carnivores ne nous attaquent pas ! Elles capturent surtout des insectes qu'elles attirent et digèrent. Ces plantes se sont ainsi adaptées à la vie hors du sol ou dans une terre très pauvre, comme les tourbières. Elles extraient de leurs petites proies la nourriture dont elles ont besoin pour grandir et que leurs racines ne trouvent pas.

Qui a inventé les Pokémon ?

C'est le Japonais Satoshi Tajiri. Les premiers Pokémon ont été dessinés au Japon en 1996 pour un jeu vidéo. Quand il était petit, Satoshi Tajiri faisait un élevage de criquets dans le but d'organiser des courses. La légende raconte qu'il s'est inspiré de ces insectes pour créer les Pokémon. Dans cette grande famille, on compte aujourd'hui 898 espèces de Pokémon de 8 générations. Collectionneurs, à vos marques !

Qui a inventé la boussole ?

Ce sont les Chinois qui, au XIe siècle, ont eu l'idée de placer un morceau de métal aimanté sur un flotteur, dans un bol d'eau. L'aiguille de la boussole indique toujours le Nord.

Comment les pierres précieuses se créent-elles ?

Elles se forment sous nos pieds, à plus de 150 kilomètres de profondeur. Il y fait plus de 1 000 degrés, et certaines roches se transforment en pierres précieuses. Depuis juillet 2018, on sait même que les diamants sont abondants à cette profondeur. Mais les pierres précieuses remontent rarement à la surface de la Terre et seulement avec le magma des volcans. Celles que l'on retrouve ont plus de 2 milliards d'années.

Qu'est-ce qui fait que les vagues se forment ?

Le vent ! En effet, il déforme la surface de la mer. On le voit très bien quand une rafale se met à souffler sur une eau calme : des ondulations apparaissent. Et plus le vent est fort, plus les vagues se creusent. Une fois les vagues formées, elles peuvent parcourir des centaines de kilomètres et déferler sur des rivages où il fait très beau.

Est-ce que la chouette est la femelle du hibou ?

Non ! Les chouettes et les hiboux appartiennent à des espèces différentes.
Ils ne font pas de bébés ensemble. Il y a des mâles et des femelles chez les chouettes comme chez les hiboux.
Les chouettes se reconnaissent à leur tête bien ronde. Les hiboux ont, eux, deux plumes plus ou moins dressées sur le haut de la tête, que l'on appelle des aigrettes.

une chouette

un hibou

Y a-t-il encore des petites espèces de dinosaures ?

Non, il n'y a plus d'espèces de dinosaures vivantes sur Terre. Mais certains de leurs descendants vivent encore, aujourd'hui. Ils marchent sur deux pattes, leur peau est en partie recouverte d'écailles, ils pondent des œufs et portent des plumes. Eh oui, ce sont les oiseaux !

Pourquoi le taureau s'énerve-t-il quand il voit rouge ?

Le rouge n'énerve pas le taureau, car il ne distingue pas cette couleur ! Lors d'une corrida, ce qui l'énerve, c'est l'agitation du matador et de son chiffon. Celui-ci pourrait être jaune ou blanc, ça serait la même chose pour le taureau. Le tissu est rouge parce que, pour l'humain, cette couleur est voyante et elle est associée au sang et à la colère.

Pourquoi y a-t-il des maires ?

Leur rôle est de faire des projets pour leur ville ou leur village, et de les réaliser avec les impôts, l'argent versé par les habitants. La Mairie a aussi de nombreuses missions. Elle construit et entretient des bâtiments, comme l'école, le gymnase… Elle organise les transports : cars scolaires, vélos partagés… Elle fait ramasser les ordures. Elle assure l'ordre dans la ville, avec les policiers municipaux. Elle aide les habitants en difficulté, les personnes pauvres, handicapées, au chômage… Être maire, c'est donc avoir beaucoup de travail et de responsabilités !

Pourquoi les oiseaux ont-ils des chants différents ?

La grande famille des oiseaux est constituée d'espèces variées, et chacune émet ses propres sons. Un même oiseau produit différentes vocalises : il peut pousser des cris d'alarme et d'appel, il chante aussi pour marquer son territoire ou séduire un partenaire.

Quel est le plus grand château du Moyen Âge ?

Ce serait le krak des Chevaliers, situé en Syrie. Cette forteresse a été construite au XIIe siècle par les chevaliers croisés. Plus de 2 000 personnes pouvaient y vivre et s'y abriter. En Europe, le plus grand château serait le château de Prague. Construit à partir du XIe siècle, il peut se visiter et abrite le président de la République tchèque.

Quel est l'arbre le plus petit du monde ?

C'est le saule herbacé. Il mesure moins de 10 cm de haut. Ce mini-arbre pousse dans les régions arctiques : sa petite taille lui permet de profiter de la chaleur du sol et d'éviter les vents glacials.

Pourquoi les feux sont-ils rouge, orange, vert ?

On a choisi pour les feux tricolores le rouge, l'orange, et le vert, car **ce sont les couleurs que notre cerveau voit le mieux.** Surtout le rouge ! On l'aperçoit bien de loin. Il commande de s'arrêter, sinon on risque un accident !

Pourquoi certaines régions ont des montagnes et pas d'autres ?

Parce que la Terre a la bougeotte ! La croûte terrestre est composée de plaques tectoniques qui se déplacent, se cognent, se frottent... Cela donne naissance aux montagnes. Par exemple, il y a 50 millions d'années, la plaque indienne est entrée en collision avec la plaque asiatique. 25 millions d'années plus tard, ce choc a donné naissance aux montagnes de l'Himalaya.

Qui a inventé les mangas ?

En 1814, le Japonais Hokusai a inventé le mot *manga*, qui veut dire « dessin grotesque », pour nommer des caricatures. Ce terme désignera ensuite les BD publiées dans les journaux japonais. Osamu Tezuka est un des auteurs les plus célèbres de mangas d'aventure et de science-fiction.

Y a-t-il un président de l'Antarctique ?

Non, car l'Antarctique n'appartient à aucun pays. La France, la Nouvelle-Zélande, l'Australie, le Chili, l'Argentine, le Royaume-Uni et la Norvège revendiquent une partie de ce continent glacé au pôle Sud.

Qui a inventé le handspinner ?

Le *handspinner*, qui veut dire «toupie de main» en anglais, aurait été inventé par l'Américaine Catherine Hettinger, il y a vingt ans. Ce gadget qui peut tourner 1 à 2 minutes connaît un succès fulgurant depuis 2017 : 7 humains sur 100 en posséderaient un. Son principal intérêt : il occupe les mains ainsi que l'esprit, et permet de se calmer.

Est-ce que l'ananas pousse dans un arbre ?

Non, l'ananas pousse sur une plante qui ne dépasse pas 1,20 mètre de haut. Au début de sa croissance, c'est une simple touffe fleurie. Puis la fleur se transforme en un fruit unique qui se tient dressé au centre d'une couronne de feuilles raides et épineuses. L'ananas se récolte dans les pays chauds et humides, après deux années de culture.

Comment les Néandertaliens ont-ils disparu ?

Néandertal a disparu, comme de nombreuses espèces animales et humaines avant lui. **Il n'y a pas une cause unique. Ce sont des modifications de climat, d'environnement et de conditions de vie** qui ont, peu à peu, conduit à son extinction, il y a 30 000 ans, alors qu'il cohabitait avec *Homo sapiens*. Aujourd'hui, tous les humains sur Terre sont des *Homo sapiens*.

Où sont enterrés les rois de France ?

Les rois et reines de France sont enterrés dans la basilique de Saint-Denis, près de Paris. Dagobert, mort en 639, a été le premier roi à choisir de reposer dans cette église. Par la suite, de très nombreux rois ont été enterrés ici. Sur la plupart des 70 tombeaux, il y a des gisants (des sculptures allongées) qui représentent les souverains morts.

Les abeilles sont-elles les seules à faire du miel ?

Oui, les abeilles élevées en ruche sont les seuls animaux à savoir fabriquer du miel. Il leur sert à nourrir leurs larves et à avoir des réserves, quand il n'y a plus de fleurs. Il existe beaucoup d'autres espèces d'abeilles. Elles élèvent leurs larves en solitaire, avec un mélange de nectar et de pollen, et elles passent l'hiver sans manger, sous forme de larve ou de cocon.

À quoi servent les arbres ?

Comme tous les êtres vivants, les arbres ne « servent » pas à quelque chose. Ils vivent, tout simplement ! Mais en même temps, **ils sont très utiles à beaucoup d'autres espèces :** ils leur procurent des abris et de la nourriture et purifient l'air. Ils jouent aussi un rôle important dans le cycle de l'eau : ils facilitent son infiltration dans le sol et son évaporation dans l'air.

Pourquoi ne faut-il pas sourire sur les photos d'identité ?

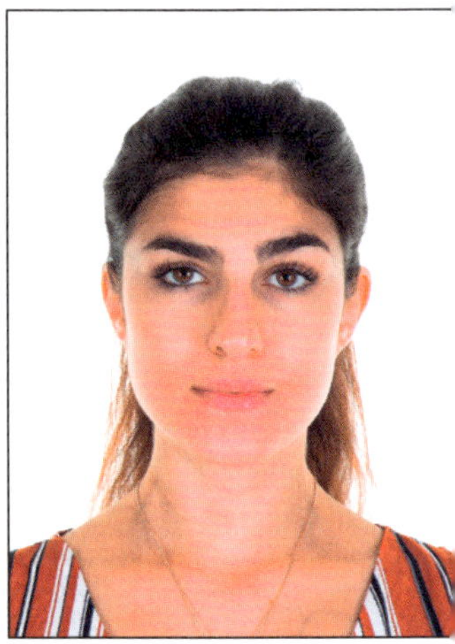

C'est pour mieux te reconnaître, mon enfant ! Car de nos jours, le contrôle des pièces d'identité est très souvent réalisé par informatique. Ainsi les photos sont traitées par un logiciel de reconnaissance faciale. Or, le sourire modifie trop le visage. Du coup, la machine ne s'y retrouve pas.

Pourquoi les fleurs ont-elles des odeurs ?

C'est pour attirer les animaux, surtout des insectes. En effet, les plantes ne se déplacent pas. Alors, pour faire des graines, elles chargent les insectes de transporter le pollen d'une fleur à l'autre. Au cours de l'évolution, les plantes ont produit des fleurs plus colorées, plus odorantes ou plus riches en nectar, pour être butinées.

Qui est Martin Luther King ?

Martin Luther King était un pasteur afro-américain. Cet homme s'est battu dans les années 1950 pour que les Noirs aient les mêmes droits que les Blancs, aux États-Unis. Il est célèbre pour son discours « I have a dream » (Je fais un rêve) prononcé en 1963, devant des milliers de personnes à Washington. Un an plus tard, une loi est votée : elle interdit la discrimination selon la couleur de peau dans ce pays. Il est assassiné en 1968, à l'âge de 39 ans.

Quel est le plus petit désert du monde ?

Carcross est considéré comme le plus petit désert au monde. Situé dans le sud du Yukon, au Canada, il mesure 2,6 km^2. Ses dunes attirent les botanistes, car on y trouve des espèces de fleurs et de plantes rares.

Pourquoi les fruits et les légumes moisissent ?

Les moisissures sont des champignons microscopiques. Elles sont emportées par l'air et se déposent sur les aliments. Elles trouvent dans les fruits tout ce qu'il faut pour se développer : de l'eau et du sucre.

Pourquoi l'anglais est-il la langue universelle ?

Au début du XIXe siècle, l'anglais était parlé seulement en Grande-Bretagne. Mais les Anglais ont conquis d'autres pays sur tous les continents et ils s'y sont installés. On dit qu'ils les ont colonisés. Aujourd'hui, **beaucoup de pays où l'on parle anglais sont d'anciennes colonies britanniques**, comme les États-Unis, l'Australie, l'Inde, le Canada ou l'Afrique du Sud. Après la Seconde Guerre mondiale, les États-Unis sont devenus le pays le plus puissant du monde. À travers le commerce, les progrès scientifiques et leur cinéma, les Américains ont aussi imposé l'anglais à l'étranger.

Comment se forme un geyser ?

Un geyser est une colonne d'eau et de vapeur expulsée à la surface. On en trouve dans les régions volcaniques. L'eau qui s'infiltre dans le sol s'accumule dans un trou profond, le réservoir. L'eau y est chauffée au contact des roches brûlantes. Des bulles de gaz se forment et remontent vers la surface. Elles poussent l'eau vers le haut : le geyser souffle !

Le geyser islandais Geysir en éruption

Quelle est la différence entre un pingouin et un manchot ?

Ce sont des oiseaux différents. Le pingouin vit dans l'hémisphère Nord, il peut voler. Il n'existe qu'une seule espèce : le petit pingouin. Il y a plusieurs espèces de manchots, tous vivent dans l'hémisphère Sud. Ils ne peuvent pas voler.

Pourquoi notre urine est-elle jaune ?

L'urine est fabriquée par les reins qui filtrent notre sang. Elle permet d'éliminer une grande partie des déchets que produit notre corps, en les mélangeant à de l'eau. Un de ces déchets, l'urobiline, est jaune et donne sa couleur à l'urine. L'urobiline provient de l'hémoglobine contenue dans les globules rouges du sang.

Pourquoi les chats ont-ils des moustaches ?

Parce qu'elles leur sont très utiles ! On appelle ces poils spéciaux les vibrisses. Elles sont hypersensibles. Quand les vibrisses frôlent un obstacle, elles évitent au chat de se cogner. Elles enregistrent les vibrations de l'air, comme celles que produit une proie qui s'échappe ! Le chat possède des vibrisses de chaque côté du nez, au-dessus des yeux, sur le menton, sur les joues et à l'arrière des pattes avant.

Pourquoi mon lapin a-t-il des grandes oreilles ?

Grâce à ses grandes oreilles, le lapin a une très bonne ouïe. Il entend le moindre bruit autour de lui et il oriente ses oreilles pour détecter avec précision d'où vient un son. Dans la nature, c'est pratique pour repérer un prédateur qui approche et ainsi s'enfuir à temps ! En plus, les oreilles du lapin évacuent la chaleur de son corps. Elles l'aident donc aussi à se rafraîchir !

C'est quoi un troubadour ?

Les troubadours vivaient au Moyen Âge, dans le sud de la France. **Ils écrivaient des poèmes et les mettaient en musique.** Puis ils voyageaient de château en château pour les chanter contre un repas et un endroit pour dormir. Ces artistes étaient respectés et appréciés. Les troubadours apportaient aussi les dernières nouvelles des régions aux alentours.

Cette miniature du XIVe siècle montre un roi entouré de troubadours musiciens.

Pourquoi doit-on respirer pour vivre ?

Pour respirer, nos poumons captent de l'oxygène qui part dans tout notre corps. Mais la respiration se produit dans chacune de nos cellules. L'oxygène permet une réaction chimique qui transforme le sucre en énergie indispensable au fonctionnement des cellules. Ces dernières produisent ainsi de la chaleur, se multiplient, fabriquent des protéines… et nous permettent de vivre !

Comment vend-on les adresses e-mails pour les pubs ?

Si un client achète un produit sur un site marchand, ce site peut lui envoyer des pubs pour des produits similaires. Il peut aussi louer l'adresse e-mail du client à d'autres sites qui enverront aussi des pubs. Mais cela n'est possible qu'à une condition : le client doit avoir donné son autorisation. En effet, en tant que client, on peut refuser la publicité en cochant une case au moment de l'achat. On est aussi libre de se désinscrire du fichier du marchand.

Pourquoi le coquelicot perd-il ses pétales quand on le cueille ?

La fleur de coquelicot est fragile. **Chaque fleur ne dure qu'une journée, mais un plant peut en produire des dizaines au cours de l'été.** La fleur qui éclot le matin s'oriente vers le soleil tout au long de la journée, et perd ses pétales, un à un, l'après-midi. Dans un vase, un coquelicot fane vite, car il produit un liquide laiteux et collant, le latex, qui bouche sa tige coupée.

Est-ce que mon chien voit les couleurs comme moi ?

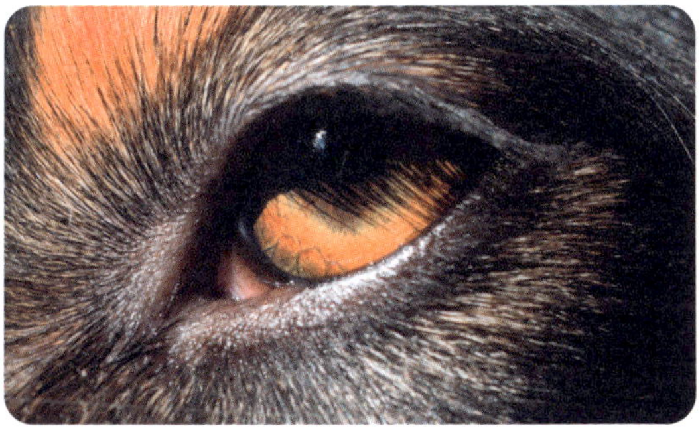

Non, ton chien ne voit pas les mêmes couleurs que toi. Les scientifiques ont observé que la rétine au fond de l'œil des chiens est pauvre en cellules permettant de voir les couleurs. Aussi, les chiens voient plutôt des nuances de gris et détectent surtout les mouvements. Mais pour ce descendant du loup, les couleurs ne sont pas très utiles. Son odorat très développé compense sa vision sans couleurs, pour chasser ou pour reconnaître ses proches.

Pourquoi les Français appelaient les Allemands les « boches » ?

Le mot « boche » signifie « tête » et désigne quelqu'un qui a la tête dure. Les Français utilisaient cette injure pour parler des soldats allemands durant les guerres mondiales. Les Allemands, eux, traitaient les Français de *Froschfresser* : « bouffeurs de grenouilles ».

À quoi sert la salive ?

Tu fabriques en moyenne un litre et demi de salive par jour ! **Elle contient surtout de l'eau qui empêche la peau à l'intérieur de la bouche de sécher.** La salive contient aussi des produits qui luttent contre les microbes et protègent tes dents des caries. Enfin, la salive commence à digérer les aliments avant même que tu les avales.

Quels étaient les dieux que les Égyptiens adoraient ?

Les Égyptiens adoraient plus de 700 dieux, mais tous n'avaient pas la même importance. Les plus fameux correspondent à la nature : Amon, créateur du monde ; Rê, dieu du soleil ; Horus, dieu du ciel. D'autres personnifient aussi les sentiments ou des moments de la vie : Hathor est déesse de l'amour, Thoueris protège les femmes enceintes.

Quel est le dernier dinosaure à survivre ?

Ce pourrait être le *Chenanisaurus barbaricus*, un tyrannosaure découvert au Maroc. On vient de dater ce dinosaure qui aurait vécu en Afrique il y a 66 millions d'années, juste avant l'extinction des dinosaures sur Terre. Mais sais-tu que les dinosaures n'ont pas totalement disparu ? Leurs descendants sont… les oiseaux !

Pourquoi les châtaignes ont-elles la peau qui pique ?

Cette enveloppe épineuse s'appelle une bogue. Elle protège les châtaignes, car peu d'animaux ont envie de croquer une bogue piquante ! C'est aussi pour l'arbre un moyen de faire voyager ses semences. Grâce aux épines, la bogue peut s'accrocher au pelage d'un sanglier ou d'un ours, qui les transporte dans un autre coin de la forêt.

Qui a fait la tour Eiffel ?

Au XIXe siècle, la France a lancé un concours pour la construction d'un monument exceptionnel. **L'ingénieur Gustave Eiffel et son équipe ont gagné,** avec un projet fou pour l'époque : une tour de 300 mètres de hauteur, constituée de 18 000 morceaux de métal et de 2,5 millions de rivets. Ce monument a été inauguré en 1889. Depuis, il est devenu le symbole de Paris.

Pourquoi Léonard de Vinci est-il célèbre ?

Léonard de Vinci, 1452-1519

Léonard de Vinci était un peintre italien qui a vécu aux XVe et XVIe siècles. Il est connu grâce à ses inventions et à son talent d'artiste. Il a inventé des centaines de machines qu'il dessinait dans des carnets, dont certains ont été conservés jusqu'à aujourd'hui. L'une de ces inventions avait de grandes ailes qui imitaient celles des oiseaux, elle s'appelait l'ornithoptère.

Croquis de l'ornithoptère

Il a peint l'œuvre la plus connue du monde, *La Joconde*. Ce portrait est célèbre grâce au sourire et au regard énigmatiques de Mona Lisa, la jeune femme représentée. Plus de 20 000 visiteurs viennent voir ce tableau chaque jour au musée du Louvre, à Paris. C'est un record !

Portrait de Mona Lisa, dite La Joconde

Qui a inventé les immeubles ?

Les Romains ! Au IIe siècle, les architectes romains ont bâti des *insulae* de cinq ou six étages. En bas, il y avait des boutiques, et au-dessus, des habitations. Ces immeubles n'étaient pas confortables, car ils n'avaient ni eau courante ni vitres aux fenêtres.

Les trous noirs sont-ils des soleils morts ?

Les trous noirs ne sont pas de vrais trous vides. Au contraire, les trous noirs concentrent tellement de matière que leur force gravitationnelle retient même la lumière, d'où leur nom. Les plus petits peuvent provenir de la transformation d'une étoile en fin de vie, mais on ne sait pas encore ce qui est à l'origine des plus gros trous noirs.

Comment se forment les grêlons ?

Les grêlons se forment dans les nuages d'orage, les cumulonimbus, dont la hauteur peut atteindre 10 kilomètres ! À l'intérieur, des vents violents entraînent des gouttes d'eau vers le haut du nuage. À cette altitude, il fait très froid : les gouttes d'eau gèlent et grossissent peu à peu, grâce à la vapeur d'eau qui les entoure. Puis elles finissent par tomber sous forme de grêlons.

Comment Jules César est-il mort ?

Jules César a été assassiné en 44 avant Jésus-Christ. Ce meurtre a été organisé par soixante sénateurs romains menés par le général Cassius. Brutus, le fils adoptif de César, a participé à cette exécution.

Pourquoi les humains n'ont pas de queue ?

En fait, les humains ont bien une queue ! Celle-ci est cachée : elle se trouve en bas de la colonne vertébrale, à l'intérieur des fesses. Elle est constituée de quatre petits os soudés entre eux : ils forment le coccyx.

Est-ce que les Gorgones existent ?

Non. Les Gorgones* sont des créatures fantastiques de la mythologie grecque. Elles sont représentées comme des femmes ailées, avec des cheveux de serpents. Elles tirent la langue et ont le pouvoir de transformer en pierre tous ceux qui les regardent en face. Les méchantes Gorgones sont au nombre de trois : Sténo, Euryalé et la plus célèbre, Méduse.

* Les gorgones, c'est aussi un type de corail que l'on trouve dans les eaux chaudes et autour des récifs.

Pourquoi y a-t-il des lignes imaginaires sur les globes terrestres ?

Ces lignes imaginaires sont les parallèles et les méridiens. Elles permettent de se situer à la surface de la Terre. Les parallèles sont parallèles à l'équateur et donnent la position par rapport à ce dernier. Cette position s'appelle la latitude. Les méridiens relient les pôles Nord et Sud. Ils donnent la longitude. C'est la position par rapport à un méridien particulier, celui de Greenwich, en Angleterre.

Pourquoi les hindous ont plusieurs dieux ?

L'hindouisme est une religion née en Inde il y a 5000 ans. Comme d'autres religions, elle est polythéiste : cela signifie que les hindous croient en plusieurs dieux. Les principaux sont Brahma, Vishnu et Shiva. Certaines religions n'ont qu'un seul dieu, elles sont monothéistes : par exemple, le judaïsme, le christianisme et l'islam.

De haut en bas : les dieux Parvati, Shiva et Ganesh.

Pourquoi les vers luisants produisent-ils de la lumière ?

Seule la femelle ver luisant émet de la lumière. Elle fabrique un produit spécial grâce à une réaction chimique à l'intérieur de son corps. La femelle brille ainsi pour attirer des mâles, en vue de se reproduire.

Pourquoi certaines plantes sont-elles toxiques ?

Le poison des plantes toxiques est un moyen de protection. Grâce à leur poison, ces plantes évitent de se faire manger ! En France, il existe plusieurs plantes très toxiques pour les humains. Les plus connues sont la digitale pourpre (voir illustration), le colchique, le laurier-rose et l'euphorbe. Mieux vaut éviter de les cueillir, et surtout ne jamais les porter à la bouche !

Est-ce que mon poisson dort ?

Oui, ton poisson dort, mais il n'est pas facile de le surprendre dans son sommeil ! La nuit, il fait plusieurs courtes siestes en s'installant vers le fond de son aquarium. Il ne se couche pas et reste en position normale, presque immobile, en faisant du surplace. Il garde les yeux ouverts car il n'a pas de paupières pour les fermer. Et si tu allumes la lumière, ton poisson se réveille aussitôt et s'agite !

Pourquoi n'avons-nous pas tous la même couleur de peau ?

C'est la mélanine qui donne sa couleur à la peau et la protège du soleil. Mais le corps ne fabrique pas la même quantité de mélanine chez tous les humains. Il y a des milliers d'années, il fallait une peau foncée pour survivre dans les régions où le soleil brille fort. Et seule une peau claire et très sensible au soleil fabriquait assez de vitamine D pour rester en bonne santé dans les régions moins éclairées.

Pourquoi les lapins ont-ils deux dents devant ?

En fait, le lapin n'a pas deux dents devant… mais quatre ! Les deux incisives que tu vois sur la mâchoire du haut sont doublées par deux autres incisives, plus petites, et visibles seulement de l'intérieur. Le lapin possède aussi deux incisives sur la mâchoire du bas.
Ainsi, il ne fait pas partie des rongeurs, qui, eux, possèdent seulement deux incisives sur chaque mâchoire. Le lapin est un lagomorphe, comme ses cousins sauvages : les lièvres et les pikas.

Qui a inventé les drapeaux ?

Les premiers drapeaux datent de l'Antiquité. L'armée romaine les utilisait pour se regrouper et partir au combat. Ils étaient appelés « vexillum ». C'étaient des pièces d'étoffes carrées surmontées par un emblème (aigle, sanglier…) et attachées à une lance.

D'où vient le sang de notre corps ?

Une grande partie des éléments qui composent le sang est fabriquée par notre squelette. Eh oui, les globules rouges naissent au cœur des os, dans la partie qu'on appelle « la moelle osseuse ». Mais d'autres éléments sont aussi produits par le foie. La partie liquide est faite avec l'eau que nous ingurgitons, avec notre nourriture et nos boissons.

Pourquoi offre-t-on du muguet le 1er mai ?

Le 1er mai, on offre du muguet aux personnes que l'on aime. **On dit que ces fleurs à clochettes portent bonheur.** Cette tradition remonte au XVIe siècle. Chaque année, le roi Charles IX offrait du muguet aux dames de la Cour pour célébrer l'arrivée du printemps. Le 1er mai 1941, le muguet devient le symbole de la fête du Travail. Ce jour férié a été instauré par le maréchal Pétain, dirigeant de la France à cette époque.

Pourquoi les chats n'aiment-ils pas l'eau ?

Cette méfiance de l'eau viendrait… de leurs ancêtres ! Il y a 9 000 ans, les chats vivaient au Moyen-Orient et en Afrique du Nord, des régions désertiques. Cette espèce a donc appris à vivre loin de l'eau, s'en approchant uniquement pour boire. Au fil du temps, les chats domestiques ont conservé ce réflexe quand il pleut ou qu'ils sont près d'un cours d'eau. Pourtant, il n'y a aucun danger : les chats savent instinctivement nager !

Pourquoi les champignons poussent-ils sur des branches coupées ?

Tous les champignons n'ont pas exactement le même mode de vie. Ceux dont tu parles se nourrissent de débris de végétaux ou d'animaux morts. Ils poussent sur des branches tombées, des troncs coupés ou même sur des crottes. **On dit que ces champignons sont saprophytes.** D'autres champignons se nourrissent de plantes vivantes : ce sont des parasites. Enfin, certains s'associent avec un arbre pour vivre. Les filaments souterrains du champignon se mêlent aux racines de l'arbre. Ainsi, le champignon fournit de l'eau et des sels minéraux à l'arbre, qui lui donne de la nourriture. On dit que ces derniers vivent en symbiose avec l'arbre : ce sont des champignons symbiotiques.

Ce champignon saprophyte décompose le bois d'un tronc coupé pour se nourrir.

Qui a fabriqué la première fusée ?

La première fusée à être allée dans l'espace a été conçue par le Soviétique Sergueï Korolev. Cette fusée a mis en orbite le satellite *Spoutnik 1*, en 1957. Une victoire de l'URSS contre les États-Unis dans leur course à l'espace.

Illustratio : Loïc Méhée

Comment les cactus survivent-ils en plein désert ?

La tige des cactus est gorgée d'eau. De plus, leur peau épaisse, recouverte de cire, retient l'humidité. Sous terre, leurs racines s'étalent et absorbent les gouttes de rosée sur le sol. Pour capter dans l'air le dioxyde de carbone qui leur est indispensable, les cactus ouvrent de petits trous appelés stomates, uniquement la nuit. En effet, la nuit, il fait plus frais, alors l'eau qu'ils contiennent ne s'évapore pas.

D'où vient la toile des araignées ?

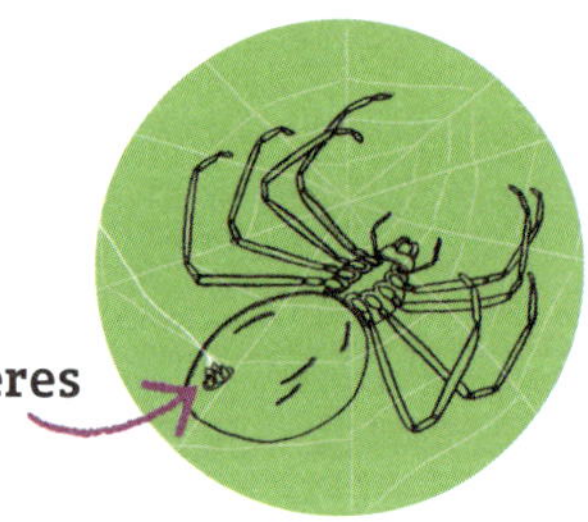

Les araignées produisent de la soie à partir d'un liquide fabriqué par des glandes spéciales. Ce liquide sort par des sortes de tubes situés sous l'abdomen : les filières. En sortant, le liquide durcit et se transforme en fil de soie. Les araignées sont capables de produire des fils différents en fonction de leur utilisation.

Par exemple, elles fabriquent un fil souple et collant pour tisser leur toile. Les fils qui relient la toile à un support ne sont pas collants mais sont beaucoup plus résistants. Les araignées produisent aussi un fil spécial qui sert à tisser un cocon pour protéger leurs œufs. Toutes les araignées ne tissent pas de toile, mais elles sont toutes capables de faire de la soie.

Existe-t-il des pierres molles ?

Oui. Ce sont des pierres très très très chaudes. Leur température peut même atteindre plus de 1 000 °C ! En fait, c'est de la pierre fondue et elle sort des volcans : c'est de la lave. Mais dès qu'elle refroidit, la lave se solidifie et devient de la pierre très dure. Car comme toutes les matières, la pierre peut changer d'état.

Quelle est la plus grande ville d'Afrique ?

C'est Lagos, au Nigeria. Avec sa banlieue, la ville compte plus de 22 millions d'habitants. Située au bord de l'océan Atlantique, Lagos est un des plus grands ports d'Afrique. Quantité d'industries et de commerces s'y développent. De nombreuses personnes viennent y travailler. Ainsi, la ville s'agrandit rapidement.

Comme toutes les grandes villes, Lagos accueille aussi beaucoup d'artistes. À Nollywood, – un quartier nommé ainsi en référence à Hollywood, aux États-Unis –, on tourne près de 2 000 films vidéo par an. L'autre plus grande ville d'Afrique est Le Caire, la capitale de l'Égypte.

Quel est l'arbre le plus grand du monde ?

Le plus grand arbre connu est un séquoia à feuilles d'if. Cet arbre pousse en Californie aux États-Unis, et mesure 116 mètres de haut ! Les séquoias sont des conifères, comme les pins et les sapins.

Pourquoi les abeilles meurent-elles dès qu'elles nous piquent ?

L'abeille pique avec une sorte d'aiguille située au bout de son abdomen : le dard. Ce dard est couvert de petites dents qui l'empêchent de ressortir de la peau, une fois qu'il est enfoncé. **Quand l'abeille veut se dégager après avoir piqué, le dard reste coincé.** Son abdomen est alors déchiré. L'abeille meurt peu de temps après...

Qui a inventé les peluches ?

La première peluche connue était un ours. Elle a été créée en 1902 par Margarete Steiff, une couturière allemande, et son neveu Richard, passionné par les ours. Ensemble, ils ont imaginé un jouet articulé en forme d'ours. Ce premier nounours était en laine mohair et rembourré avec de la paille. Il mesurait 55 centimètres. Très vite, il a connu un grand succès dans le monde entier.

Est-ce qu'il y a eu des survivants à la catastrophe de Pompéi ?

Aucun. Le 24 août 79 après Jésus-Christ, **l'éruption du Vésuve a tué tous les habitants de Pompéi.** Cette ville romaine, située dans la baie de Naples, se trouvait à quelques kilomètres du volcan.

Ce jour-là, en 17 minutes, elle a été entièrement ensevelie par une pluie de cendres volcaniques. En fait, les Pompéiens ne se doutaient pas qu'ils vivaient au pied d'un volcan !
La plupart ont essayé de se sauver par la mer, seule issue possible, mais l'éruption a provoqué un raz-de-marée et la mer était déchaînée. Ceux qui se sont enfermés dans leur maison sont morts asphyxiés ou ensevelis sous les cendres. Les villes voisines, Herculanum, Oplontis et Stabies ont été également détruites par cette terrible catastrophe.

Pourquoi les pirates portaient-ils un bandeau sur l'œil ?

Il aurait servi aux pirates à passer facilement sur le bateau de la lumière du jour à l'obscurité. Une fois le bandeau déplacé, l'œil qui était masqué voyait tout de suite dans le noir. Un avantage aussi en cas d'attaque nocturne !

D'où viennent les chiffres arabes ?

Les chiffres arabes que nous utilisons sont d'origine indienne ! Au IXe siècle, la civilisation musulmane a retranscrit des symboles indiens pour écrire les numéros de 0 à 9. C'est ainsi que les chiffres arabes sont nés. Les Arabes ne les ont donc pas vraiment inventés, mais c'est grâce à leurs grands mathématiciens que ces chiffres se sont répandus au Moyen Âge dans tout l'Occident.

Pourquoi mon coq chante ?

Le coq chante… pour faire le coq ! **C'est en lançant son puissant « cocorico » qu'il marque son territoire,** qu'il montre qu'il est le chef et qu'il tente d'impressionner des poules. En général, les coqs chantent dès les premières lueurs du jour. C'est à ce moment-là que le son se propage le mieux, alors que tout est calme. Mais il peut lui arriver de chanter à n'importe quel autre moment de la journée !

Est-ce que les panthères sont toujours noires ?

Non, pas toujours. Les panthères, que l'on appelle aussi léopards, ont un pelage tacheté. Mais certaines panthères produisent en très grande quantité le pigment qui colore les poils, la mélanine, en raison d'une mutation génétique. On dit qu'elles sont atteintes de mélanisme. Cela leur donne une couleur très foncée, et en y regardant de plus près, on peut apercevoir les taches dans leur pelage.

Comment les abeilles choisissent-elles leur reine ?

Les abeilles élèvent une nouvelle reine quand la précédente reine meurt ou si la ruche est surpeuplée. Les nourrices sélectionnent alors quelques larves et les alimentent uniquement avec une substance qu'elles fabriquent : la gelée royale. Cette gelée modifie le développement des larves et elles deviennent des reines. La plus forte de ces jeunes reines tue les autres et sera la seule à régner.

Comment a été choisi le premier roi de France ?

Clovis (466-511) est considéré comme le premier roi des Francs, le peuple qui a envahi la Gaule. Et Hugues Capet (939-996), comme le premier roi de France. Ce roi a même été élu ! **Il était comte de Paris et très respecté.** Alors, les grands seigneurs l'ont élu le 29 mai 987. Hugues Capet a fondé la dynastie des Capétiens, qui a régné plus de 800 ans.

Pourquoi les poux grattent-ils la tête ?

Les poux vivent sur notre tête. Cet endroit est assez chaud pour eux et **ils ont de quoi manger : du sang.** Pour s'en nourrir, ils piquent la peau et injectent de la salive… ce qui démange la tête.

Comment les déchets arrivent-ils à la mer ?

La majorité des déchets marins ne proviennent pas des bateaux, mais de la terre ! **Ils arrivent en mer par les fleuves, transportés parfois sur de très longues distances.** Mais certains sont directement déversés depuis la côte. Les plus dangereux sont ceux en plastique, car ils ne disparaissent jamais ou presque. Cependant, 20 % des déchets marins proviennent des activités de pêche : filets, casiers, etc.

Comment le cheval peut-il sentir nos émotions ?

Les chevaux sont capables de déceler les émotions des autres chevaux grâce à leurs attitudes. On dit qu'ils utilisent un langage corporel. Des études ont montré que le cheval peut aussi « lire » les expressions… sur le visage des humains. Et il réagit ! Par exemple, face à une émotion négative, les battements de cœur du cheval s'accélèrent. Ainsi, ton cheval sent très bien si tu as peur ou si tu es de bonne humeur, et il adapte son comportement !

À quoi ressemblait l'ancêtre de la vache ?

Au Salon de l'agriculture, qui a lieu à Paris, entre fin février et début mars, tu ne peux pas voir l'ancêtre sauvage des vaches : l'aurochs. En effet, il a disparu au XVIIe siècle. Les vaches sont les descendantes de ce bovin aux grandes cornes. **Mais l'aurochs était bien plus gros qu'elles, et très sauvage.** Un petit groupe d'humains a réussi à le domestiquer, il y a 10 500 ans, dans la région où se trouve l'actuel Iran. Aujourd'hui, il existe une race, appelée « aurochs reconstitué », qui ressemble en partie à l'aurochs disparu. L'aurochs reconstitué est moins gros, ses cornes sont plus petites et sa robe est plus claire. Des chercheurs veulent mener de nouvelles recherches pour recréer l'aurochs originel.

Pourquoi Apollo 11 portait-il ce numéro ?

Ce numéro correspond à la onzième mission du programme spatial américain Apollo, dont l'objectif était la conquête de la Lune. Un pari réussi en 1969, grâce à Neil Armstrong, premier homme à avoir posé un pied sur la Lune.

Est-ce que toutes les planètes ont une atmosphère ?

Oui, toutes les planètes du Système solaire ont une atmosphère. C'est une couche de gaz qui recouvre leur surface. Sa composition et son épaisseur sont différentes sur chaque planète.

Comment les oiseaux migrateurs se repèrent-ils pour arriver à destination ?

Plusieurs scientifiques étudient la capacité des animaux à s'orienter. Aujourd'hui, ils sont enfin certains que les **oiseaux savent repérer le nord et le sud.** Mais ces chercheurs n'ont pas encore découvert comment fonctionne le système qui sert de boussole à ces animaux.

Les loups peuvent-ils être domestiqués par l'homme ?

On peut « apprivoiser » un louveteau et l'habituer à vivre avec les humains. Mais « domestiquer », c'est autre chose. Il faut beaucoup de temps. Il y a environ 15 000 ans, les loups gris ont été domestiqués et sont devenus des chiens. Cela s'est fait sur des générations d'individus et a transformé le comportement et le corps des loups. Le chien est plus joueur que le loup, et son cerveau est moins gros.

Comment s'est terminée la Seconde Guerre mondiale ?

En Europe, la guerre se termine le 8 mai 1945. Ce jour-là, l'Allemagne signe la capitulation : elle renonce à combattre. Le dictateur nazi, Adolf Hitler, s'est suicidé quelques jours avant, à Berlin. Mais le conflit se poursuit dans le Pacifique. En août 1945, les Américains lâchent deux bombes atomiques sur les villes japonaises de Hiroshima et Nagasaki. Anéanti, le Japon capitule à son tour. Le bilan de la guerre est terrifiant : plus de 50 millions de personnes ont été tuées. L'URSS est le pays le plus touché, avec 20 millions de morts. Certains pays sont en ruines, dévastés par les bombardements. L'Organisation des Nations unies (ONU) est créée en 1945. Les pays qui y adhèrent s'engagent ensemble à agir pour la paix.

Pourquoi le lama crache-t-il ?

Le lama sécrète de la salive quand il est dérangé. Si celui qui l'agace continue, il l'asperge d'un crachat. Ouf, les lamas utilisent cette technique entre eux, rarement sur les humains !

Pourquoi aime-t-on le sucre ?

Les scientifiques pensent que c'est une question de survie, car le corps a besoin de sucre pour fonctionner. Il s'en sert en particulier pour produire de l'énergie. Pour le corps, cette énergie apportée par le goût sucré est associée à la sensation de plaisir. Mais attention, manger trop de sucre est mauvais pour la santé. Il faut savoir résister à la gourmandise !

Qui a inventé l'électricité ?

Elle a toujours existé dans la nature : par exemple, les éclairs d'orage sont des décharges électriques. Mais il a fallu maîtriser l'électricité. En 1800, l'Italien Alessandro Volta a inventé la pile électrique. **En 1879, l'Américain Thomas Edison a mis au point l'ampoule,** qui éclaire les maisons.

Pourquoi les plantes ont des racines ?

Les racines jouent un rôle très important pour les plantes. D'abord, elles leur permettent de s'ancrer dans le sol : les plantes prennent appui sur leurs racines pour pousser à la verticale. Et grâce à leurs racines, elles puisent dans le sol l'eau et les minéraux qui leur sont indispensables pour vivre.

Pourquoi et comment le perroquet parle ?

En fait, les perroquets ne parlent pas vraiment ! Contrairement aux humains, ils n'ont pas de cordes vocales qui leur permettent de parler. Mais **ils possèdent un organe qui les rend capables d'imiter les sons qu'ils entendent.** De plus, grâce à leur langue souple, ils peuvent faire varier le volume d'air de leur bec et donc articuler. Un perroquet peut apprendre des mots ou des phrases entières, en imitant les humains mais il ne comprend probablement pas ce que cela veut dire !

Pourquoi l'Afrique est-elle considérée comme le berceau de l'humanité ?

Parce que les traces des premiers humains ont été retrouvées en Afrique. Si être humain, c'est se tenir debout, alors les premiers hommes sont apparus il y a 7 millions d'années. C'est le cas de Toumaï, dont le crâne a été retrouvé au Tchad. Si être humain, c'est utiliser des outils, alors les premiers l'ont fait il y a 3 millions d'années. C'est le cas de Lucy, dont le squelette a été découvert en Éthiopie…

Comment les oiseaux font-ils pipi ?

Illustration : Loïc Méhée

Les oiseaux ne font pas pipi comme les mammifères. Leurs reins produisent de l'urine, qui est stockée dans une sorte de poche, le cloaque. C'est aussi dans le cloaque que sont retenus les excréments. Les oiseaux évacuent alors un mélange de crotte et d'urine : ils font caca et pipi en même temps !

Est-ce que les puces ont un cerveau ?

Oui ! Comme tous les insectes, la puce a une masse nerveuse au niveau de sa tête, qui est comparable à un cerveau. Ce dernier reçoit et interprète les informations qui arrivent des yeux, des pattes et de tous les poils sensitifs de son corps. Il permet aussi à la puce de coordonner ses mouvements pour qu'elle puisse sauter… et piquer !

Comment se produit le réchauffement climatique ?

Le réchauffement actuel est lié à l'activité humaine. En effet, depuis un peu plus de 200 ans, les hommes brûlent beaucoup de charbon et de pétrole. Ces deux sources d'énergies permettent de faire fonctionner des machines, des véhicules et aussi de produire de l'électricité. Mais leur combustion libère beaucoup de dioxyde de carbone (CO_2) dans l'air.
Or le CO_2 retient la chaleur du soleil, c'est ce qu'on appelle l'effet de serre. Grâce à lui, la surface de la Terre est à la bonne température pour permettre le développement de la vie. Mais l'augmentation de la quantité de CO_2 accentue cet effet de serre et provoque le réchauffement climatique.

Pourquoi y a-t-il des cercles sur le tronc d'un arbre quand on le coupe ?

Les cercles à l'intérieur du tronc sont des couches de bois que l'arbre fabrique chaque année, au fur et à mesure qu'il grandit. Car un arbre ne pousse pas seulement en hauteur, il grandit aussi en largeur : son tronc s'élargit sous l'écorce. On appelle ces cercles : les cernes de croissance. Tous les ans, l'arbre ajoute deux couches de bois : une couche de couleur claire au printemps, et une couche plus foncée en été. Pendant l'automne et l'hiver, l'arbre ne fait pas de cernes supplémentaires, car il vit au ralenti, et il ne grandit pas entre ces deux saisons. Le nombre de cernes permet de connaître l'âge d'un arbre.

Pourquoi on ne voit pas les étoiles le jour ?

Les é toiles brillent le jour comme la nuit. **Mais on ne les voit pas en plein jour, parce que la lumiè re du Soleil est plus forte que la leur.** En effet, le Soleil est l'é toile la plus proche de notre planè te. Alors que les autres é toiles sont à des milliards de kilomè tres de nous.

Les mammifères perdent-ils leurs dents, comme nous, les enfants ?

Seuls les mammifères ont des dents de lait, mais pas tous ! Une majorité d'entre eux a deux sé ries de dents au cours de sa vie, comme les humains, les hippopotames, les fé lins… ou la petite souris ! Ils ont d'abord des dents de lait, qui finissent par tomber et qui sont remplacé es par des dents définitives.

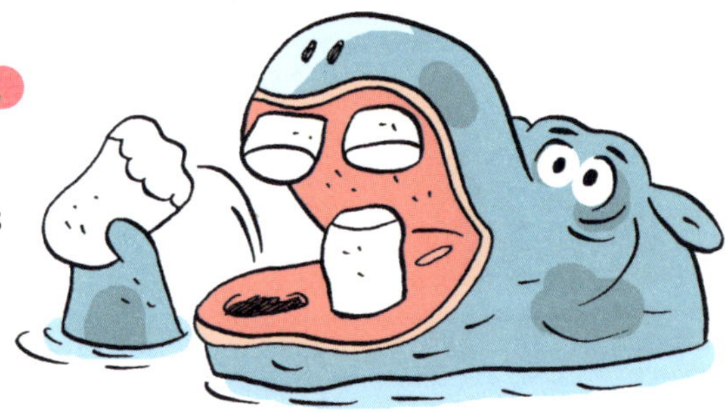

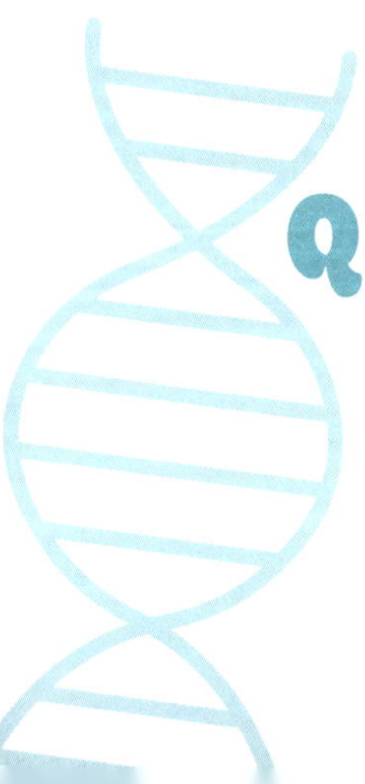

Qu'est-ce que c'est, l'ADN ?

ADN signifie : acide désoxyribonucléique. Ce produit chimique a la forme d'un escalier tournant qu'on appelle une double hélice. L'ADN est fabriqué par les êtres vivants et il contient toutes les informations qui leur permettent de vivre, de se développer et de se reproduire. Ces informations s'appellent les gènes. Alors on dit que l'ADN est le support de l'information génétique.

Pourquoi les jours sont-ils plus longs en été qu'en hiver ?

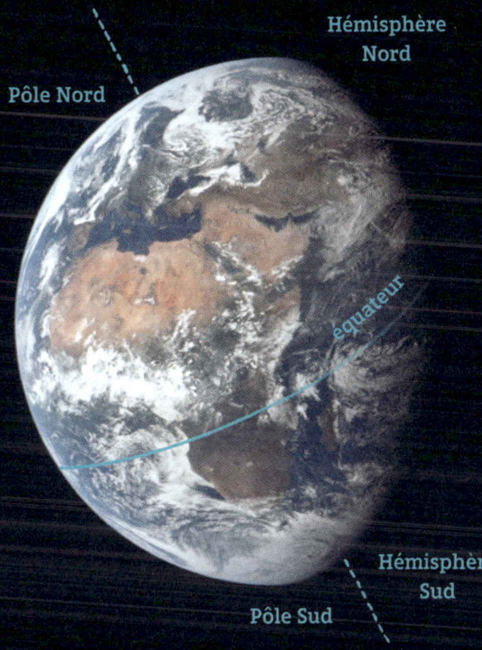

La Terre tourne sur elle-même comme une toupie penchée. On dit que son axe de rotation est incliné. Et la Terre se déplace autour du Soleil...

*Quand la terre est dans cette position, **l'hémisphère Nord** passe plus de temps au Soleil, alors les nuits y sont plus courtes : **c'est l'été.***

*Pendant ce temps, **le pôle Sud** est du côté nuit. **C'est l'hiver** dans l'hémisphère Sud.*

Six mois plus tard,** la Terre est passée de l'autre côté du Soleil. Le pôle Nord est à l'ombre. Les nuits sont alors plus longues dans l'hémisphère Nord. **C'est l'hiver au nord, l'été au sud.

Est-ce qu'il y avait de la vie avant les dinosaures ?

Oui. **Les premiers êtres vivants,** qui ressemblaient à des microbes, **existaient il y a 3,7 milliards d'années.** Alors que les premières traces de dinosaures datent d'il y a 215 millions d'années.

Pourquoi Louis XIV portait-il une perruque ?

Louis XIV portait des perruques, car c'était devenu à la mode et... parce qu'il perdait ses cheveux à cause d'une maladie. Il aimait les très hautes perruques, et comme c'était le roi, toute la Cour faisait comme lui. À l'époque, on pouvait deviner l'importance d'une personne rien qu'en regardant sa perruque!

Comment poussent les mauvaises herbes ?

Les jardiniers appellent «mauvaises herbes» ou «adventices», des plantes qui poussent sans qu'ils les aient semées. Ces plantes sauvages naissent de graines ou de racines qui se trouvent dans le sol. **Elles poussent quand les conditions leur sont favorables.** Les jardiniers cherchent à les éliminer, mais ils les favorisent parfois en arrosant ou en aérant la terre.

Pourquoi les chauves-souris dorment-elles la tête en bas ?

Cette position inconfortable pour nous est avantageuse pour les chauves-souris ! **Tout leur corps est adapté à cette posture** : le sang ne leur tombe pas dans la tête et elles n'ont aucun effort à fournir pour rester agrippées par les pattes arrière. En se suspendant ainsi, les chauves-souris se protègent des prédateurs qui rôdent au sol. Elles passent alors l'hiver, tranquilles, sans bouger ou presque. Pendant cette période d'hibernation, elles vivent grâce à la réserve de graisse accumulée dans leur corps en automne. Se suspendre de cette façon est aussi très pratique en été, quand elles sont actives : les chauves-souris ont juste à lâcher prise pour prendre de l'élan et s'envoler !

Qui a inventé les mandalas ?

Le mandala est un cercle qui représente l'Univers dans l'hindouisme et le bouddhisme, deux religions nées en Asie. C'est un espace sacré pour invoquer les dieux et pour méditer. **Les hindous ont dessiné les premiers mandalas il y a plus de 3 000 ans.** Colorier des mandalas est un exercice de concentration et de patience.

Quel animal marin va le plus vite au monde ?

C'est un poisson de mer appelé le voilier. Il peut faire des pointes à plus de 100 km/h ! Quand il nage à cette vitesse, le voilier replie sa grande nageoire dorsale en forme de voile.

Qui est Minerve ?

Minerve est une déesse romaine. Elle correspond à Athéna dans la mythologie grecque. Elle est la fille de Jupiter et de Métis. Protectrice de Rome, Minerve est la déesse de la guerre, du travail, de la connaissance et de la sagesse.

Pourquoi le lapin mange-t-il ses crottes ?

C'est mieux pour digérer l'herbe. Après avoir mangé, le lapin fait des crottes molles qu'on appelle des « cæcotrophes ». Ces crottes sont riches en bactéries qui ont prédigéré l'herbe lors du premier passage dans l'intestin. Ton lapin les avale dès qu'elles sortent de son anus. Il digère alors les bactéries et assimile des éléments indispensables à sa santé. Il rejette ensuite ce qui est indigeste dans les crottes sèches et rondes que tu trouves en nettoyant sa litière.

Pourquoi y a-t-il des migrants en France ?

Ce n'est pas un phénomène nouveau. La France accueille des migrants depuis la fin du XIXe siècle. Depuis 2014, beaucoup de personnes venant d'Afrique et du Proche-Orient tentent de s'installer en Union européenne. **Elles fuient la guerre, la violence ou la misère dont elles sont victimes dans leur pays.** Elles risquent leur vie durant le voyage et certaines se noient en mer. Ces personnes espèrent trouver du travail en Europe. Elles demandent l'asile, c'est-à-dire la protection et le droit de rester dans un nouveau pays. L'Union européenne essaie de les accueillir, en les répartissant dans différents pays européens. En 2022, 130 751 personnes ont demandé l'asile en France.

Qui était Marilyn Monroe ?

Marilyn Monroe était une actrice et chanteuse américaine. Elle est née en 1926 et a eu une enfance difficile avant de devenir... une star ! Cette icône du cinéma d'Hollywood a joué dans plus de trente films. Tu as peut-être déjà vu la fameuse scène où sa robe blanche s'envole au-dessus d'une bouche de métro à New York ? C'est dans le film *7 ans de réflexion*. Marilyn Monroe est morte jeune, à 36 ans. Aujourd'hui, elle est célèbre dans le monde entier.

Qu'est-ce qui donne leur parfum aux fleurs ?

Le parfum des fleurs provient de produits chimiques fabriqués par les plantes, notamment au niveau des pétales. Chaque plante en fabrique des différents et a donc un parfum unique. Ces produits chimiques naturels s'évaporent et s'échappent dans l'air. Grâce à leur parfum, les fleurs attirent les insectes qui permettent aux plantes de se reproduire.

Pourquoi les avions font-ils une traînée blanche dans le ciel ?

Ce sont leurs moteurs à réaction qui les produisent. Ces moteurs brûlent énormément de carburant et expulsent donc beaucoup de vapeur d'eau. Quand l'air est froid, cette vapeur d'eau se transforme quasi instantanément en gouttelettes d'eau, formant ces drôles de nuages. On les appelle des traînées de condensation ou, en météorologie, *cirrus homogenitus*.

Est-ce que les grenouilles respirent sous l'eau ?

Oui, les grenouilles respirent sous l'eau. Elles possèdent des poumons faits pour respirer dans l'air. Mais elles respirent aussi grâce à leur peau humide. Alors quand les grenouilles sont dans l'eau, elles sont capables d'utiliser l'oxygène qui s'y trouve. Ainsi, même si elles ne peuvent pas se passer complètement d'air, cela leur permet de rester sous l'eau très longtemps.

Quel est l'animal le plus venimeux du monde ?

C'est le kokoï, petite grenouille tropicale sud-américaine, qui produirait une des substances les plus venimeuses du monde. Un kokoï adulte, long de 4 centimètres, contient assez de poison pour tuer des dizaines d'humains. Mais ce « phyllobate terrible », comme on l'appelle aussi, n'injecte pas son venin et ne nous attaque jamais. Il a juste la peau empoisonnée. Bien d'autres animaux sont venimeux sur terre et sous la mer : serpents, scorpions, araignées, pieuvres, méduses, poissons, coquillages... Ils causent accidentellement des morts humaines chaque année. Pourtant, l'animal qui fait le plus de victimes n'est pas venimeux. Ce sont certains moustiques tropicaux qui, en piquant, transmettent des microbes responsables de maladies mortelles.

Pourquoi les conifères ne perdent-ils pas leurs aiguilles ?

Les feuilles des conifères ont la forme d'aiguilles et sont couvertes d'une substance épaisse qu'on appelle « cuticule ». Cela leur permet de bien résister au gel et de persister en hiver. Cependant, les conifères renouvellent régulièrement leurs aiguilles. Celles-ci tombent au bout de 2 à 5 ans, mais jamais toutes en même temps (sauf chez le mélèze et le cyprès chauve, qui sont pourtant des conifères).

Qui a inventé le tennis ?

L'ancêtre du tennis est le jeu de paume qui est né en France au Moyen Âge.
On renvoyait la balle avec la paume de la main, d'où son nom. On disait "Tenez" en mettant la balle en jeu, et ce mot a donné "tennis" La raquette est apparue au XVIe siècle. C'est l'Anglais Walter Clopton Wingfield qui a défini les règles du tennis moderne, en 1875.

Comment mon hamster peut-il garder autant de nourriture dans sa bouche ?

Le hamster possède de grandes poches de peau extensibles à l'intérieur de ses joues.
Elles se prolongent jusqu'à ses épaules. Ce sont des abajoues dans lesquelles le hamster transporte sa nourriture. En effet, le hamster ne mange pas sur place, dans son auge. Il a l'habitude de faire des provisions et de les emporter dans une cachette. Là, le hamster passe ses pattes sur ses abajoues pour les vider, puis il mange en toute tranquillité.

Comment les montagnes se créent-elles ?

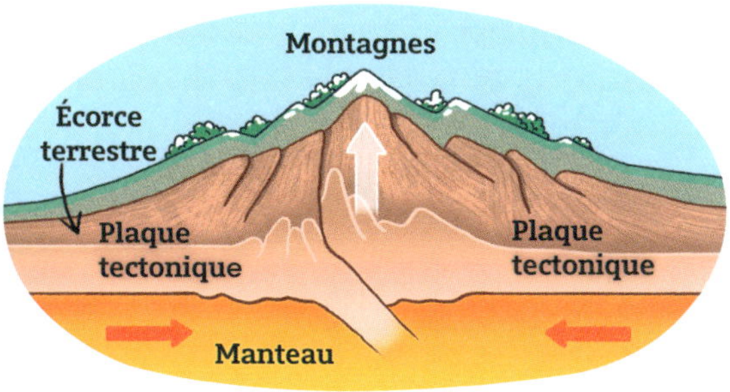

Les montagnes se sont formées il y a des millions d'années, et beaucoup d'entre elles continuent de grandir ! **Elles naissent à partir des roches qui forment la couche solide de la Terre, que l'on appelle l'écorce terrestre.** Cette écorce est cassée en plusieurs plaques, les plaques tectoniques. Ces dernières flottent sur une autre couche de roches souterraines : le manteau. Ce manteau rocheux est visqueux et les courants qui circulent à l'intérieur déplacent doucement les plaques tectoniques. Ainsi, à certains endroits de la Terre, les plaques s'écartent. Mais à d'autres endroits, elles se pressent les unes contre les autres. Des plis se forment alors et grandissent petit à petit, créant ainsi des montagnes.

Quel est le plus petit pays du monde ?

Le plus petit État du monde est la Cité du Vatican. Sa superficie est de 0,44 km^2, l'équivalent d'une soixantaine de stades de football. Cet État est situé dans la ville de Rome, en Italie. On l'appelle aussi « le Saint-Siège », car c'est l'État du pape, chef de l'Église catholique. Le Vatican compte environ 820 habitants.

Pourquoi les zèbres sont-ils noir et blanc ?

Les rayures des zèbres intriguent depuis longtemps les scientifiques ! Ils pensent qu'**elles protègent les zèbres des mouches piqueuses.** Des expériences ont montré que la vision de ces mouches est perturbée par les rayures, ce qui les empêche de se poser. Un super bouclier ! Chaque zèbre a des rayures uniques : leurs motifs leur permettent aussi de se reconnaître entre eux.

Pourquoi la lave est-elle rouge ?

Parce qu'elle brille ! La lave est de la pierre fondue à haute température, autour de 1 000 degrés Celsius. Or, à partir de cette température, la matière commence à émettre de la lumière… de couleur rouge.

Pourquoi le lait est-il blanc ?

Le lait contient de l'eau, du sucre, des protéines et… du gras. Et c'est à cause de ce dernier que le lait est blanc. En effet, la matière grasse ne se mélange pas à l'eau. Alors dans le lait, elle forme de minuscules gouttes en suspension. Ces gouttelettes brillent à la lumière comme les bulles d'une mousse de savon, lui donnant ainsi son aspect blanc.

Est-ce que le monstre de Frankenstein a existé ?

Non ! Ce personnage a été inventé par Mary Shelley, une romancière anglaise. En 1818, elle publie un roman, *Frankenstein ou le Prométhée moderne*, qui connaît un grand succès. Elle raconte l'histoire du docteur Victor Frankenstein qui fabrique une créature avec des morceaux de cadavres. Repoussé par tous à cause de sa laideur, le monstre devient un meurtrier.

Quel est le premier président français ?

C'est Louis-Napoléon Bonaparte. Il a été élu en 1848, mais seulement par les hommes. En 1851, il prend le pouvoir par la force et devient empereur sous le nom de Napoléon III. La République est proclamée de nouveau en France en 1870. Le président, Emmanuel Macron est le 25e président de la République française.

Louis-Napoléon Bonaparte représenté en tant qu'empereur.

Qui a créé le ski de piste et en quelle année ?

C'est le Norvégien Sondre Norheim. Ce skieur exceptionnel a imaginé au XIXe siècle des skis plus courts et plus fins. Et surtout, il a fabriqué les premières fixations rigides autour de la cheville pour tourner en descente sans perdre ses skis !

Qui a inventé le basket ?

Le basket-ball a été inventé par le Canadien James Naismith, en 1891. Ce professeur de sport, qui travaillait aux États-Unis dans le Massachusetts, recherchait alors une activité physique que ses élèves pourraient pratiquer en hiver.

Pourquoi certains arbres sont-ils tordus ?

Ce sont souvent les vieux arbres qui ont un tronc tordu. Comme l'arbre passe toute sa vie au même endroit, il peut se tordre en réaction au vent, ou pour que ses feuilles profitent de plus de lumière, ou encore sous l'effet d'une attaque de champignons ou d'insectes. Ces événements sont marqués dans son bois qui se déforme ainsi au fil des ans.

Pourquoi mon chien remue-t-il toujours la queue ?

La queue du chien montre ce qu'il ressent. Quand il remue la queue, il est excité. **Cela peut vouloir dire qu'il est heureux de te voir ou qu'il a envie de jouer.** Mais certains chiens anxieux peuvent remuer la queue en grognant quand ils sont tendus, par exemple, s'ils rencontrent un autre chien avec lequel ils ne s'entendent pas. Agiter la queue permet aussi au chien de diffuser son odeur autour de lui.

Comment certains poissons volent-ils ?

Ces poissons appelés volants ou exocets planent plus qu'ils ne volent. Quand un prédateur les poursuit, ils nagent très vite près de la surface de la mer. Puis, d'un coup de queue, ils bondissent hors de l'eau et déploient leurs larges nageoires pectorales. Ils peuvent alors planer sur plusieurs dizaines de mètres, portés par le vent.

Qu'est-ce qu'une marée noire ?

Une marée noire est une grande quantité de pétrole déversée dans la mer. Cela peut arriver quand un bateau transportant des hydrocarbures fait naufrage. Cette nappe de pétrole flotte à la surface de l'eau. Transportée par les courants et les marées, elle peut arriver jusqu'à la côte. On voit alors des poissons et des oiseaux englués par le mazout. Ils peuvent en mourir.

Comment les gouttes des nuages ne tombent-elles pas ?

Les nuages sont formés de petites gouttes qui se tiennent les unes à côté des autres. Elles sont très légères, alors le vent et les courants d'air les emportent facilement. Ainsi, elles flottent dans les airs !

Pourquoi mon chat a-t-il besoin de faire ses griffes ?

Comme leurs cousins sauvages, les chats font leurs griffes pour plusieurs raisons. **Cela leur permet de marquer leur territoire, d'ôter les couches de corne morte sur leurs griffes et aussi de s'étirer.** Si ton chat ne peut pas sortir pour faire ses griffes, installe-lui un griffoir ou un arbre à chat. Sinon, il risque de vouloir les faire... sur le canapé, le tapis ou la tapisserie !

Comment mon cheval fait-il pour sauter aussi haut ?

Le record du monde de saut de cheval est de 2,47 mètres de haut.

Dans la nature, les chevaux sont des proies. Leur seul moyen de défense, c'est la fuite ! Tout le corps du cheval est adapté à ce mode de vie qui l'oblige à s'enfuir. Ainsi, **il possède une puissante musculature qui lui permet de courir vite.** Grâce à ses membres postérieurs robustes, le cheval se propulse avec force, aussi bien pour galoper... que pour sauter.

Que représente la statue de la Liberté ?

Elle symbolise «la Liberté éclairant le monde». Le sculpteur français Auguste Bartholdi l'a créée au XIXe siècle, mais il n'a jamais révélé qui était son modèle. On sait, depuis peu, qu'il s'agit de Sarah Salmon, une jeune new-yorkaise. Elle était l'épouse d'un ami proche de Bartholdi, et son visage a inspiré le sculpteur.

Comment les chameaux résistent-ils à la chaleur dans le désert ?

Tout le corps du chameau économise l'eau au maximum. Cet animal transpire peu, ses crottes sont sèches et son urine est très concentrée. Sa fourrure maintient une couche d'air entre la peau et l'air extérieur, ce qui l'isole de la chaleur. Enfin, ses deux bosses qui contiennent des réserves de graisse lui permettent de tenir plusieurs jours sans boire ni manger.

Combien d'ailes a une coccinelle ?

Les coccinelles ont quatre ailes comme les papillons, mais chaque paire est différente. Leurs deux ailes avant sont épaisses et colorées, on les appelle des élytres. Leurs deux ailes arrière sont fines et transparentes. Au repos, elles sont pliées et protégées sous les élytres. En vol, les élytres restent ouvertes et assurent la stabilité, tandis que les deux grandes ailes arrière battent très vite l'air.

J'ai des tortues de terre. Est-il possible de les dresser ?

Pas vraiment ! Un animal comme un chien apprend à faire des tours, car il cherche à recevoir de l'affection de ses maîtres. Les tortues, elles, n'aiment pas spécialement être cajolées. Ce qui les intéresse, c'est surtout la nourriture. Tu peux créer des petits parcours leur permettant d'atteindre une friandise. Mais avoir une tortue, c'est aussi prendre le temps de l'observer, sans rien lui demander !

Qui a inventé le verre ?

C’est en Mésopotamie (l’actuel Irak) que le verre serait apparu, il y a 6 000 ans. En chauffant du sable et de la soude, on obtient une pâte de verre malléable.
Les Égyptiens fabriquent des objets et bijoux en verre.
Au Ier siècle avant J.-C., la technique du verre soufflé permet de créer des formes creuses pour faire de la vaisselle, par exemple.

Comment les hamsters font-ils pour se guider la nuit ?

Les hamsters peuvent voir même avec une très faible luminosité, mais ils se servent aussi de leurs autres sens pour s'orienter la nuit. Ils sentent les odeurs, ils écoutent les bruits autour d'eux… Et ils utilisent leurs moustaches, qu'on appelle les vibrisses. Les vibrisses sont très sensibles aux chocs et aux vibrations dans l'air. Elles aident les hamsters à éviter les obstacles.

Pourquoi les rapaces se posent sur des piquets ?

Les rapaces se posent en hauteur pour pouvoir observer tout autour d'eux. Depuis leur perchoir et grâce à leur vue perçante, ils repèrent facilement une proie. Cela leur permet aussi de se reposer.

Pourquoi, quand on se réveille on a parfois des petites croûtes sur l'extrémité des yeux ?

Les yeux fabriquent une sorte de liquide : le mucus. Celui-ci protège et nettoie la surface des yeux. Lorsque les yeux sont ouverts, les paupières se ferment et s'ouvrent très souvent. Ce mouvement étale le mucus et l'oblige à s'évacuer par des petits trous vers le nez. Pendant le sommeil, les paupières restent fermées et le mucus ne circule plus aussi bien. Alors il sèche en formant ces sortes de croûtes qu'on appelle des chassies.

Pourquoi la foudre est-elle attirée par le métal ?

La foudre est une décharge électrique. Cela signifie qu'il s'agit d'un courant électrique bref et intense. Or, le métal conduit très bien l'électricité, et surtout bien mieux que l'air. Ainsi, un objet métallique relié à la terre offre le chemin le plus rapide à l'électricité libérée par la foudre, pour rejoindre le sol.

Comment les caméléons changent-ils de couleur ?

La peau du caméléon contient de nombreux petits grains colorés, des pigments verts, jaunes ou gris. Le caméléon est capable de les concentrer ou de les disperser. Ainsi, il peut faire apparaître plusieurs couleurs. Il s'en sert pour communiquer avec ses voisins : exprimer sa colère, défendre son territoire ou montrer qu'il est amoureux !

Pourquoi une salopette s'appelle comme ça ?

La salopette est apparue au XIXe siècle, au moment de la révolution industrielle. C'était à l'époque un pantalon à taille haute avec des bretelles porté par les ouvriers sur leurs vêtements. **Cette tenue leur évitait de se salir ou de se « saloper » au travail.** D'où le nom « salopette » !

Quelle est la différence entre le lichen et la mousse ?

Les mousses sont des végétaux. Le lichen est constitué d'une algue et d'un champignon, qui n'est pas un végétal. On dit qu'ils vivent en symbiose. Les lichens et les mousses peuvent s'installer directement sur de la pierre ou d'autres plantes. Ils supportent des milieux aux conditions difficiles.

Où se réfugient les oiseaux pendant les tempêtes ?

Les oiseaux terrestres se mettent à l'abri près du sol, dans un buisson, derrière un mur, dans un trou d'arbre ou sous un toit. Les oiseaux marins peuvent être déportés loin en mer ou à l'intérieur des terres. Après une grosse tempête, les oiseaux ont souvent du mal à trouver de quoi se nourrir et où nicher dans un paysage dévasté.

Quelle température fait-il dans l'espace ?

La température dans l'espace n'est pas la même partout. Proche d'une étoile, il fait plus chaud que loin de toute source de chaleur. Autour de la Terre, la température à la surface des satellites et des stations spatiales passe de plus de 150 °C au soleil à -120 °C à l'ombre. Mais la température au fin fond de l'espace avoisine les -270 °C.

Pourquoi Hitler a-t-il fait la guerre ?

En 1939, c'était le début de la Seconde Guerre mondiale. En Allemagne, Adolf Hitler était le chef du parti nazi. Ce parti a été fondé après la Première Guerre mondiale par des Allemands qui n'acceptaient pas la défaite de leur pays. Les nazis étaient violents, racistes et antisémites ; ils rendaient les Juifs responsables des malheurs de l'Allemagne et ils les persécutaient.

En 1933, Hitler est arrivé au pouvoir et il est devenu un dictateur. **Il a préparé la guerre, car il voulait dominer d'autres pays pour créer un grand empire allemand.** Le 1er septembre 1939, son armée a envahi la Pologne. En réaction, la Grande-Bretagne et la France ont déclaré la guerre à l'Allemagne. La Seconde Guerre mondiale a duré jusqu'en 1945.

Qu'est-ce que le vide intersidéral ?

Il s'agit de l'espace qui se situe entre les étoiles. On l'appelle aussi milieu interstellaire ou vide interstellaire. On parle de vide, car il n'y a quasiment pas de matière dans cette partie de l'espace. Même s'il peut y avoir des traces de matières sous forme de poussières et de gaz.

D'où viennent les boutons sur notre peau ?

Certains boutons se forment suite à une piqûre d'insecte, d'autres sont provoqués par des microbes qui ont pénétré dans la peau, d'autres encore se développent à cause d'une réaction allergique. Et s'ils sont rouges, c'est à cause du système de protection du corps que l'on appelle le système immunitaire. Ce dernier devient très actif dans la zone de peau où il y a un bouton.

Pourquoi mon chat piétine-t-il son coussin avant de s'asseoir ?

Cette habitude date de son enfance ! En effet, les chatons malaxent le ventre de leur mère avec leurs pattes avant, au moment de la tétée, pour favoriser l'écoulement du lait. En souvenir de ce moment agréable, un chat adulte peut piétiner son coussin, pétrir une couverture ou les cuisses de son maître. Au passage, il dépose son odeur et cela le rassure. Souvent, il ronronne en même temps car il se sent bien !

Quelle est la taille du python réticulé ?

Sa taille est variable, car il n'arrête jamais de grandir, comme tous les serpents. Il mesure entre 4 et 8 mètres de long. Les femelles sont plus grandes que les mâles, et certaines dépassent parfois 9 mètres. C'est un serpent constricteur qui tue ses proies en les serrant jusqu'à arrêter leur circulation sanguine et leur respiration.

Quel est l'avion le plus rapide du monde ?

L'avion avec passagers le plus rapide était le Tupolev TU-144, il volait à 2 500 km/h. Il ressemblait beaucoup au Concorde, qui volait à 2 369 km/h et reliait Paris à New York en 3 h 30. Aujourd'hui, des avions comme l'Airbus 380 vont à 1 000 km/h, car voler très vite est polluant et coûte cher en carburant. L'avion de combat le plus rapide est le MIG-25 : il atteint 3 400 km/h !

Illustration : Yann Cozic

Comment les humains préhistoriques faisaient-ils du feu ?

Il y a 400 000 ans, nos ancêtres ont appris à faire du feu en frottant un morceau de silex contre une pierre moins dure, riche en soufre. Cela a donné des étincelles. Autrement, ils faisaient tourner rapidement un bâton en bois dans le creux d'un autre morceau de bois. Cela chauffait assez pour enflammer de la mousse sèche ou des brindilles.

Qui a inventé le jeu de l'oie ?

Ce jeu de parcours, tel qu'on le connaît, est apparu à Florence, en Italie, à la fin du XVIe siècle. À cette époque, il amusait les seigneurs. Le jeu de l'oie s'est ensuite rapidement diffusé dans toute l'Europe.

Y a-t-il des pays à cheval sur deux continents ?

Oui, il y en a 27. La Russie, le plus grand pays du monde, s'étend sur l'Europe et l'Asie. La Turquie est également située sur ces deux continents. Sa plus grande ville, Istanbul, est à cheval sur l'Europe et l'Asie. Le détroit du Bosphore traverse Istanbul et marque le passage d'un continent à l'autre.

Autre exemple, la France est située en Europe. Mais elle possède aussi des territoires sur d'autres continents : comme en Afrique (la Réunion), en Amérique (la Martinique ou la Guyane), en Océanie (la Nouvelle-Calédonie) et en Antarctique (l'archipel des Kerguelen).

Pourquoi les loups vivent-ils dans la montagne ?

Les loups peuvent s'adapter à des situations très variées. Ils ne sont pas spécialement montagnards, ni vraiment forestiers. **Si les loups se rencontrent dans nos montagnes, c'est parce qu'il reste des espaces sauvages dans ces endroits.** Ils trouvent alors assez de proies pour se nourrir, et ils ont peu de concurrents. Et surtout, ils ne sont pas dérangés par les humains.

Pourquoi les étendoirs à linge sont appelés des Tancarvilles® ?

Certaines structures métalliques pour étendre le linge sont appelées des Tancarvilles®, car **leurs formes ressemblent au pont suspendu du même nom, en Normandie.** Ce pont, avec ses haubans, passe au-dessus de la Seine.

Que signifie le petit® à côté des marques ?

Le ® de *registered* signifie « enregistrée » en anglais. Cela veut dire que la marque est enregistrée auprès d'un organisme officiel et qu'on n'a pas le droit de la copier. Ainsi, si tu fabriques des feutres, tu ne peux pas les appeler Stabilo Boss, car cette marque est déjà enregistrée et le signale par un ® sur ses produits.

Comment s'appelle ce qu'on a dans le fond de la bouche ?

Il s'agit de la luette ou uvule. Ce petit organe contient des muscles qui lui permettent de bouger. Ainsi, la luette bouge quand on mange et bloque le passage vers le nez. Elle sert aussi à former certains sons lorsque l'on parle. Et puis, c'est la luette qui détecte les aliments trop gros. Elle déclenche alors un vomissement.

Combien d'abeilles y a-t-il dans une ruche ?

Dans une ruche, il y a entre 20 000 abeilles en hiver et jusqu'à 80 000 en été ! Ce sont des ouvrières. Elles butinent, produisent du miel et prennent soin de leur reine, qui est leur mère à toutes, et la seule à pondre des œufs. Quand il n'y a pas assez d'ouvrières dans la ruche pour élever les larves, ou que la reine s'épuise, la colonie s'effondre et disparaît. Chaque année, 30 % des ruches françaises meurent ! À cela plusieurs raisons : la disparition des fleurs sauvages, l'usage de produits toxiques comme des pesticides. Les abeilles sauvages solitaires, qui ne produisent pas de miel, disparaissent aussi. Il y en a près de 900 espèces en France métropolitaine, toutes indispensables à la biodiversité.

Qui est Banksy ?

Banksy est le surnom d'un artiste connu de *street art* (art urbain). Il réalise des images au pochoir sur des murs du monde entier pour dénoncer la guerre, les conditions de vie des migrants... Mais personne ne sait qui est vraiment ce graffeur britannique. Il poste des vidéos sur les réseaux sociaux où on le voit peindre, mais toujours avec une capuche sur la tête !

Pourquoi les bateaux disparaissent-ils dans le triangle des Bermudes ?

On ne sait pas exactement pourquoi. Par ailleurs, aucun chiffre n'indique qu'il y a plus de disparitions de bateaux ou d'avions là-bas que dans d'autres endroits du monde où la navigation est difficile. Selon les études, les problèmes techniques, les erreurs humaines et les conditions météorologiques difficiles pourraient expliquer ces disparitions.

Les microbes des fourmis sont-ils plus petits que ceux des éléphants ?

Non, la taille des microbes ne dépend pas de la taille de l'animal qui les héberge. Il y en a des gros et des petits chez la fourmi et chez l'éléphant : du plus petit au plus gros, on trouve les virus, les bactéries et les protozoaires. Mais ils sont tous si petits qu'on ne peut pas les voir à l'œil nu.

Pourquoi les bulles de savon éclatent-elles toutes seules ?

La paroi des bulles de savon est faite d'un mélange de savon et d'eau. Elle est donc liquide ! Or, ce liquide subit l'effet de la gravité et il finit par couler vers le bas de la bulle. **La paroi s'amincit alors peu à peu jusqu'à se rompre.** Ce changement d'épaisseur est d'ailleurs bien visible, c'est lui qui provoque les changements de couleurs de la bulle.

Pourquoi les tortues n'avancent pas vite ?

Tout simplement parce qu'elles n'ont pas besoin de se déplacer à toute vitesse. La plupart des espèces de tortues se nourrissent de plantes : inutile de courir pour obtenir son repas ! Et en cas de danger, les tortues n'ont pas à fuir parce que leur carapace les protège de leurs ennemis. Mais si tu possèdes une tortue de compagnie, reste vigilant car elle peut s'échapper beaucoup plus vite qu'on ne le pense !

Qui est « Lady Diana » ?

Diana Frances Spencer était la première femme de Charles III, le nouveau roi d'Angleterre. Ils se sont mariés en 1981 et ont eu deux fils, les princes William et Harry*. La princesse Diana, surnommée aussi Lady Di, est morte dans un accident de voiture à Paris, en 1997. Reconnue pour ses grandes qualités humaines, elle reste toujours, pour les Britanniques, la princesse au grand cœur !

* Son vrai nom est Henry.

QUI a inventé le savon ?

Ce sont les Gaulois. Ils auraient inventé le savon en mélangeant de la graisse animale et de la cendre de bouleau. Ils l'utilisaient pour teindre et lisser leurs cheveux.

Combien pèse la Terre ?

La masse de la Terre est de 5 972 200 000 000 000 000 000 tonnes. Mais elle peut varier, car un peu d'atmosphère s'échappe en permanence, et la Terre capte 40 tonnes de poussières spatiales tous les jours.

Comment les chauves-souris font-elles pour entendre les ultrasons ?

Grâce à leurs grandes oreilles en forme de cornet, les chauves-souris perçoivent des sons très aigus que les humains n'entendent pas : les ultrasons. Elles émettent aussi ces sons pour se déplacer dans le noir. Les ultrasons se propagent devant elles. Ils rebondissent contre les obstacles, puis ils reviennent vers leurs oreilles. Leur cerveau analyse ces sons, et la chauve-souris sait alors ce qu'il y a devant elle : un mur, une branche, un insecte…

Comment se forment les cyclones ?

Les cyclones se forment au-dessus de la mer, dans les régions où les eaux sont chaudes. **Il faut qu'elles soient au moins à 26 degrés, sur 60 mètres de profondeur !** Dans ces conditions, l'air juste au-dessus se charge de beaucoup d'humidité et se réchauffe. Il s'élève alors brutalement en altitude, en provoquant des vents très violents.

Pourquoi les oies cendrées volent-elles en V ?

Les oiseaux migrateurs, comme les oies, volent en V pour économiser de l'énergie. À part celui qui est en tête, chacun profite du tourbillon d'air créé par celui qui est juste devant lui. Ainsi, ils font moins d'efforts pour avancer. Et ils échangent régulièrement leur place à l'avant du groupe pour tenir sur de longues distances.

Les fleurs font-elles caca ?

Les plantes ne rejettent pas d'excréments. L'eau et les sels minéraux qu'elles absorbent sont utilisés pour fabriquer de la matière qui leur permet de grandir.

C'est quoi, l'histoire du Monopoly® ?

Ce célèbre jeu de société a été inventé par l'Américaine Elizabeth Magie, en 1904. À l'époque, il s'appelait « Le jeu du propriétaire ». Les règles étaient à peu près les mêmes qu'aujourd'hui : on achetait des maisons ou des hôtels pour devenir riche. Il a ensuite été copié et a rencontré un succès incroyable !

Pourquoi des maladies sont contagieuses et pas d'autres ?

Beaucoup de maladies sont provoquées par des microbes : soit des bactéries, soit des virus. On peut alors contaminer quelqu'un simplement en l'embrassant, par exemple. Mais il arrive qu'une maladie se déclenche sans microbes, quand le corps est affaibli. Dans ce cas, il n'y a pas de risque de la transmettre aux autres.

Qu'est-il arrivé au soldat inconnu ?

On sait seulement qu'il a été tué sur le champ de bataille ! Durant la Première Guerre mondiale, plus de 700 000 soldats français morts n'ont pu être identifiés. L'État a donc décidé d'honorer ces anonymes. Le 11 novembre 1920, à Verdun, un caporal a choisi un cercueil parmi huit cercueils de soldats non identifiés. Ce soldat inconnu est enterré sous l'Arc de triomphe, à Paris. Depuis, une flamme brûle sans cesse sur sa tombe.

Quand a été inventé le chocolat ?

Il y a 1 000 ans, en Amérique centrale, les Aztèques cultivaient des cacaoyers. Ces arbustes produisaient des fèves de cacao. On écrasait ces fèves dans de l'eau avec du piment et du miel pour obtenir une boisson appelée le xocoatl. Au XVIe siècle, les grands explorateurs venus d'Europe ont découvert cette boisson très amère. **Avec eux, des moines espagnols ont eu l'idée de mélanger du sucre et de la vanille au xocoatl.** Le chocolat était né !

Pourquoi la chouette crache-t-elle des boules de poils ?

Les chouettes, comme les hiboux et d'autres oiseaux, avalent leurs proies tout rond, sans mâcher. Mais elles ne peuvent pas digérer les poils et les os. Elles rejettent alors par le bec, une boule pleine de tous ces déchets. **On appelle cela une pelote de réjection.** Les ornithologues étudient ces pelotes pour connaître le régime alimentaire d'un oiseau.

Pourquoi le Royaume-Uni a-t-il quitté l'Union européenne ?

Le Royaume-Uni a quitté l'Union européenne (UE) le 31 décembre 2020. Il faisait partie de ce groupe de pays depuis 1973, tout comme la France depuis 1945. Mais en 2016, plus de la moitié des Britanniques ont voté pour la sortie de l'Europe. C'est le « Brexit », mot formé par « Britain » (Grande-Bretagne) et « exit » (sortie). Pourquoi sont-ils partis ?

Les Britanniques ne voulaient plus que l'Europe leur impose des règles. Ils pensaient que leur pays donnait trop d'argent à l'Union européenne. Ils souhaitaient aussi voir moins de citoyens européens s'installer chez eux. Dès son arrivée dans l'Europe, le Royaume-Uni a marqué sa différence en refusant l'euro et en conservant sa monnaie, la livre sterling.

D'où les paons sont-ils originaires ?

Il existe plusieurs espèces de paons. **Celle que tu vois dans les parcs est le paon bleu, originaire des forêts du Pakistan et d'Inde.** Cet oiseau est capable de voler, mais il vit au sol. Cette espèce a été rapportée en Europe à l'Antiquité. Ce paon a d'abord été mangé comme une volaille, puis les plumes du mâle ont servi à orner des chapeaux. Aujourd'hui, il est élevé pour sa beauté.

Comment a commencé l'esclavage ?

L'esclavage, c'est faire travailler des êtres humains en les privant de liberté. L'esclave est acheté et vendu comme un objet. **L'esclavage existe depuis très longtemps.**
Dans l'Antiquité, en Égypte et en Chine, les gouvernements utilisaient des esclaves pour leurs grandes constructions. Chez les Grecs et les Romains, les esclaves étaient des prisonniers de guerre.
Ils travaillaient dans les champs mais ils étaient aussi professeurs, gladiateurs, domestiques...
Au XVIe siècle, quand les Européens ont colonisé l'Amérique et les Antilles, ils ont eu besoin de travailleurs pour récolter leurs champs. Mais comme il fallait beaucoup de main-d'œuvre, ils sont allés capturer des hommes et des femmes en Afrique. Aujourd'hui, dans le monde, l'esclavage existe encore bien qu'il soit interdit.

L'agriculture, principale activité utilisant des esclaves.

Qui a inventé les Lego® ?

C'est un menuisier danois, Ole Kirk Christiansen, qui a créé les briques en plastique, en 1949. Les figurines sont nées trente ans plus tard. Et, le sais-tu ? Lego® vient de la contraction de deux mots danois « leg godt » qui signifient… « joue bien » !

Comment l'ongle se crée ?

L'ongle est, en fait, de la peau modifiée qu'on appelle de la corne. Cette corne contient une matière qui la rend dure : la kératine. Ce sont des cellules de la peau qui fabriquent l'ongle à un endroit appelé matrice. Celle-ci se trouve à la base de la partie blanche, sous le repli de peau qui remonte sur l'ongle. Un ongle grandit en moyenne de 3 millimètres par mois.

Pourquoi mon chien a un très long dos ?

Tous les chiens sont de la même espèce, mais ils ont des races différentes. Les races sont des inventions des humains. Au fil du temps, les éleveurs ont sélectionné des chiots avec des caractéristiques précises : pattes courtes, dos long, oreilles pendantes… Ils ont fait se reproduire ceux qui se ressemblaient. Au bout de plusieurs générations, ces particularités sont restées… et les races ont été créées. **Autrefois, les teckels étaient utilisés pour chasser des animaux dans leurs terriers.** C'est pour cela que ton teckel a un très long dos !

Pourquoi certains animaux sont-ils blancs ?

C'est dû à plusieurs phénomènes biologiques. Une des causes est que **leur corps ne produit pas un pigment foncé, appelé « la mélanine »**. Sans ce pigment, leur peau est blanche et leurs yeux sont rouges : ils sont albinos. Tous les animaux vertébrés, y compris les serpents et les oiseaux, peuvent l'être. Une autre explication est que seule leur peau, qui devrait fabriquer ce pigment, ne fonctionne pas normalement. Du coup, la peau, mais aussi les poils, les plumes,ou les écailles sont blancs. En revanche, comme leur corps produit de la mélanine, ces animaux ont les yeux foncés. On dit qu'ils sont atteints de leucisme.

Est-ce que les plantes poussent plus vite si on leur fait des compliments ?

Difficile d'en être sûr ! **Selon certains chercheurs, les plantes pousseraient aussi plus vite quand elles écoutent de la musique.** Là encore, peu d'études le prouvent. Ce qui est certain, c'est que les plantes… entendent ! Des études ont montré qu'elles reconnaissent, par exemple, le bruit de l'eau qui coule et qu'elles orientent leurs racines dans sa direction.

Quel est l'animal aérien le plus rapide du monde ?

C'est le faucon pèlerin ! Ce rapace bat tous les records de vitesse lors de ses descentes en piqué. Il utilise cette technique pour chasser. L'un d'eux a été enregistré à 389 km/h : plus rapide qu'un TGV !

Qui a inventé la BD ?

La bande dessinée a été inventée par Rodolphe Töpffer, un graveur et écrivain suisse. En 1833, il a écrit et dessiné le premier récit avec des cases et des images associées au texte. Il s'agit de *l'Histoire de Monsieur Jabot*. Mais le premier personnage dessiné qui parle dans des bulles apparaît en 1886, aux États-Unis. C'est Yellow Kid. Les aventures de cet enfant à la chemise jaunes sont racontées par Richard Outcault dans les journaux américains. À la fin des années 1930, toujours aux États-Unis, apparaissent les « comics ». Ce sont des revues pour les adolescents. On y trouve les premières aventures de superhéros, comme Superman ou Batman. En Belgique, à la même époque, Hergé crée le personnage de Tintin avec son chien Milou.

Quel est le plus grand Rubik's cube® ?

Le plus grand Rubik's cube® a été construit par le Britannique Tony Fisher. L'objet mesure plus de 2 mètres de côté et pèse plus de 100 kilos ! Pourtant, on peut jouer avec cet énorme casse-tête. Il faut juste un escabeau pour faire tourner les cases ! Rappelons que ce jouet, connu dans le monde entier, a été inventé en 1974 par le Hongrois Ernö Rubik.

Comment les plantes savent-elles qu'il faut germer ?

Dans une graine, il y a l'embryon endormi d'une plante. Il se réveille quand il détecte des conditions favorables pour germer. **C'est souvent l'enveloppe de la graine qui lui indique que la température, l'humidité et la durée du jour sont bonnes.** Mais auparavant, la graine doit aussi avoir passé plusieurs semaines au sec ou au gel. Cela évite qu'elle germe au moindre redoux en hiver.

Où vivent les hamsters ?

Les hamsters domestiques ont un cousin sauvage : le grand hamster. **Cette espèce protégée vit dans les plaines d'Europe centrale.** En France, on le trouve en Alsace. Comme son cousin domestique, le grand hamster est actif pendant la nuit. Et la journée, il passe son temps dans son terrier. Lui aussi est un champion des provisions ! Il peut stocker de la nourriture dans des sortes de poches situées à l'intérieur des joues : les abajoues.

Pourquoi on éternue ?

Lorsque l'on éternue, le corps se défend. Il lutte contre des poussières ou des microbes qui entrent avec l'air que l'on respire et qui pourraient nous rendre malades. Le corps éjecte alors brutalement de l'air par le nez.

Pourquoi les magistrats portent-ils des perruques ?

Les magistrats français ne portent pas de perruques. Ce sont les hommes de loi anglais qui en portent une. Cette tradition a 300 ans. **Elle donne du prestige à la justice pour qu'elle soit prise au sérieux.** Elle change aussi le visage pour que le magistrat ne puisse pas être reconnu ou menacé.

Quel est le plus haut volcan du monde ?

Tout dépend de ce qu'on veut dire par «plus haut». **Au Chili, le *Nevado Ojos del Salado* culmine à 6 893 mètres d'altitude.** C'est le volcan qui a le sommet le plus haut de la planète. Mais d'autres volcans le dépassent en hauteur si on part de leur base, au fond de l'océan. C'est le cas du Mauna Loa, dans l'archipel d'Hawaï, situé dans l'océan Pacifique. Son cratère s'élève à 4 169 mètres d'altitude, mais le volcan s'enfonce dans la mer à plus de 5 000 mètres. Il fait donc plus de 9 000 mètres au total ! C'est plus grand que l'Everest, le plus haut sommet terrestre. En hawaïen, « Mauna Loa » veut d'ailleurs dire « longue montagne ».

Volcan Acatenango, Guatemala

POURQUOI l'ornithorynque est un mammifère alors qu'il pond des œufs ?

Même s'il pond des œufs, l'ornithorynque a les caractéristiques communes à tous les mammifères : il est couvert de poils et, surtout, la femelle possède des glandes mammaires. Ces glandes produisent du lait qui permet de nourrir les petits. Chez la plupart des mammifères, elles sont regroupées sous forme de mamelles qui sont justement à l'origine du mot « mammifère ».

Comment l'électricité statique se produit-elle ?

Toutes les matières contiennent des particules électriques appelées électrons. **Quand on frotte certains objets, on arrache des électrons.** Ce qui crée de l'électricité statique. Celle-ci apparaît facilement sur une règle en plastique ou dans les nuages d'orages. Dans ce dernier cas, l'électricité statique se décharge en formant des éclairs.

Pourquoi mes chinchillas poussent-ils des cris ?

En Amérique du Sud, les chinchillas sauvages vivent en groupe et utilisent une grande variété de sons pour communiquer entre eux. Les chinchillas domestiques ont gardé cette habitude. **Chaque cri a sa signification.** Par exemple, le cri d'alerte ressemble à des aboiements à répétition. Dans la nature, les chinchillas l'utilisent pour avertir le groupe d'un danger.

C'est quoi, la grève ?

Ce mot vient de la place de Grève, à Paris, où accostaient les bateaux qui naviguaient sur la Seine. Une grande activité y régnait et beaucoup de gens se réunissaient sur cette place. « Être en grève » signifiait alors chercher du travail. Aujourd'hui, « faire grève », c'est cesser le travail collectivement pour obtenir de meilleures conditions de travail ou protester contre un projet ou une loi.

Pourquoi la Lune fait-elle des éclipses ?

Une éclipse a lieu parce que la Lune tourne autour de la Terre et que le Soleil éclaire un seul côté de la Terre. Il y a donc une ombre de l'autre côté. La plupart du temps, on ne la voit pas, car elle ne se projette sur aucun objet. Mais régulièrement, la Lune la traverse… et une éclipse se produit !

Quand les lunettes ont-elles été inventées ?

Les premières bésicles, des lunettes sans branches qui se posaient sur le nez, seraient apparues **à Venise à la fin du XIIIe siècle.** Elles auraient été utilisées par les moines pour lire et recopier leurs manuscrits.

Pourquoi les fleurs fanent-elles ?

Quand une fleur a reçu le pollen d'une autre fleur, **elle fane et devient un fruit.** Ce fruit contient une ou plusieurs graines. Ainsi, les fleurs se développent sur une courte durée, le temps que la plante se reproduise. Toutefois, les fleurs qui ne reçoivent pas de pollen fanent aussi !

Qui sont les Spartiates ?

Ce sont les habitants de Sparte. Durant l'Antiquité, la Grèce n'était pas un pays uni. Elle était constituée de cités indépendantes (Athènes, Delphes, Sparte) qui se faisaient souvent la guerre. Sparte possédait les meilleurs soldats. L'entraînement y débutait dès 7 ans, avec des exercices très rudes pour supporter le froid, la douleur, la fatigue. Aujourd'hui, le mot « spartiate » signifie sévère, dur.

Pourquoi y a-t-il de la lumière bleue dans les écrans ?

Parce qu'elle est indispensable pour faire des images en couleurs. C'est en mélangeant une lumière bleue, une rouge et une verte que les écrans produisent des milliers de couleurs différentes. Malheureusement, le bleu des écrans est souvent trop violet et cette couleur abîme les yeux. Il faut donc régler les couleurs de ton écran pour que les images soient plus jaunes et moins bleues.

À quoi sert la sève des arbres ?

La sève circule dans le tronc des arbres.

La sève permet aux arbres de grandir. Elle part des racines et elle monte à l'intérieur de vaisseaux jusqu'aux feuilles. La sève transporte l'eau et les nutriments puisés dans le sol par les racines. Les feuilles les utilisent pour fabriquer des sucres. Ces sucres mélangés à l'eau circulent partout dans l'arbre et le nourrissent : l'arbre grandit !

Pourquoi, contrairement aux animaux, les humains ne sont-ils pas poilus ?

En fait, les humains ont le même nombre de poils que les chimpanzés ! La différence, c'est que les poils des humains sont beaucoup plus fins et courts. Et petit rappel : les humains sont aussi des animaux.

Combien d'œufs ma perruche peut-elle pondre ?

La perruche omnicolore pond entre 4 et 7 œufs. C'est la femelle qui s'occupe seule des œufs : elle couve pendant environ 20 jours. En général, elle se met à couver après avoir pondu le deuxième ou troisième œuf. Le mâle vient lui donner à manger dans le nid. Une fois les oisillons nés, les deux parents les nourrissent. Les petits restent au nid pendant cinq semaines.

Pourquoi les insectes peuvent-ils marcher sur les murs et pas nous ?

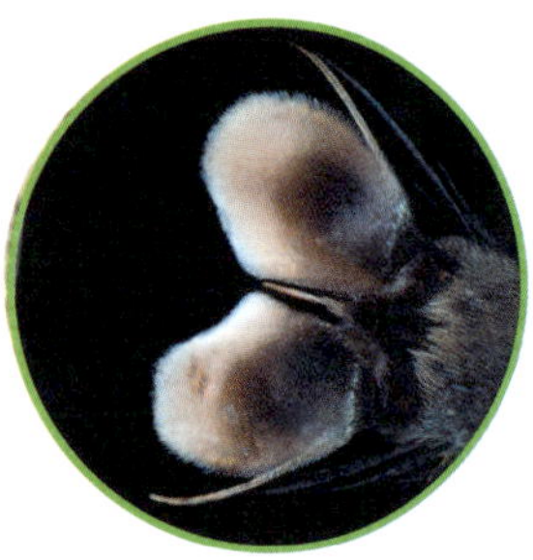

Les coussinets au bout des pattes de la mouche sont des pulvilles.

La plupart des insectes possèdent des petites griffes au bout des pattes. Cela leur permet de s'accrocher aux surfaces qui ne sont pas lisses. Certains insectes comme les mouches ont en plus au bout des pattes des coussinets qu'on appelle les pulvilles. Les pulvilles sont faites de milliers de poils microscopiques qui agissent telles des ventouses. Dernier secret pour encore plus adhérer : un liquide visqueux et collant est sécrété au niveau des pulvilles. Ainsi, les mouches peuvent se déplacer même sur les surfaces parfaitement lisses. Enfin, tous les insectes sont bien plus légers que nous, leurs griffes et leurs pulvilles sont assez résistantes pour supporter leur poids plume.

Si je trouve un renardeau, est-ce que je peux l'adopter ?

Non, car le renard est un animal sauvage. Sa place est dans la nature. Si tu découvres un renardeau seul mais qu'il n'est ni blessé ni faible, il n'est pas abandonné : c'est sans doute que sa famille change de tanière. Sa mère ne peut transporter qu'un renardeau à la fois, alors elle viendra le chercher bientôt !

Si tu trouves un animal sauvage en détresse, tu peux contacter le centre de soins de la faune sauvage le plus proche de chez toi : reseau-soins-faune-sauvage.com

D'où vient l'expression poule mouillée ?

Cette formule, qui date du XVIIe siècle, est utilisée pour se moquer d'une personne peureuse. **Elle est inspirée du comportement de la poule mouillée par la pluie.** Quand ce volatile se retrouve sous l'eau, il ne bouge pas et se tient loin des autres animaux. De plus, la poule est un animal craintif qui fuit toujours lorsqu'un humain approche.

Quelle est la planète la plus éloignée de la Terre ?

Dans le Système solaire, c'est Neptune. Cette géante de glace se situe à 4,49 milliards de kilomètres du Soleil. Et elle met un peu plus de 164 ans pour en faire le tour !

Comment fait-on le papier ?

Avec du bois… le plus souvent. Car le bois contient en grande quantité un sucre particulier, la cellulose. C'est elle qui rend les plantes assez solides pour tenir debout. Pour faire le papier, on mélange la cellulose à de l'eau, ce qui donne une pâte qu'on étale et qu'on sèche. Le papier peut être fabriqué avec d'autres plantes, comme le lin, le coton et même avec du crottin de cheval !

Le drapeau américain est-il encore sur la Lune ?

Il y en a même plusieurs ! Entre 1969 et 1972, à chaque alunissage, les astronautes des missions Apollo ont planté un drapeau sur la Lune. Certains ont résisté aux rayons ultraviolets du Soleil et aux changements de température sur le sol lunaire (de +130 à -150 °C). On le sait, car une sonde spatiale a photographié des ombres qui tournaient autour des drapeaux. Mais il est impossible de les voir depuis la Terre.

Quelle est la différence entre un roi et un empereur ?

Le roi Louis XIV.

L'empereur Napoléon Ier.

Le roi règne sur un royaume et l'empereur dirige un empire. La différence entre ces deux souverains se trouve dans l'étendue des territoires sur lesquels chacun exerce son autorité. L'empire, plus vaste que le royaume, rassemble des peuples d'origines et de religions différentes. Par exemple, les provinces de l'Empire romain au début du Ier siècle après Jésus-Christ se situaient en Europe, en Afrique du Nord, au Proche-Orient et même en Asie. L'empereur est donc plus puissant que le roi. Mais on peut être à la fois roi et empereur, comme Charles Quint, empereur du Saint Empire romain germanique et roi d'Espagne au XVIe siècle ! Aujourd'hui, il existe encore de nombreuses royautés comme l'Angleterre, la Suède ou la Belgique. Le dernier empereur se trouve au Japon.

Pourquoi nos bras bougent-ils quand on marche ?

Illustration : Clémence Lallemand

Parce que nous sommes des animaux à quatre pattes et que notre corps s'en souvient ! Les scientifiques ont montré que les mouvements des bras jouent un rôle important dans l'équilibre. Ils ont également constaté que ce balancement permet au corps de dépenser moins d'énergie que lorsque les bras restent le long du corps.

Est-ce que le Soleil disparaîtra un jour ?

Le Soleil s'est formé il y a presque 4,6 milliards d'années. Cette étoile de taille moyenne est appelée une naine jaune. Elle brillera plus longtemps que les étoiles de grandes tailles dites « géantes » qui « brûlent » en quelques millions d'années. **Le Soleil continuera donc de briller pendant encore 5 milliards d'années !** Ensuite, il grossira et deviendra 250 fois plus grand qu'aujourd'hui pour se transformer en géante rouge. Puis il se contractera jusqu'à atteindre la dimension de la Terre. Il sera alors une naine blanche extrêmement chaude et brillante, mais qui se refroidira lentement. Et après quelques milliards d'années encore, le Soleil ne sera plus qu'un astre froid appelé naine noire.

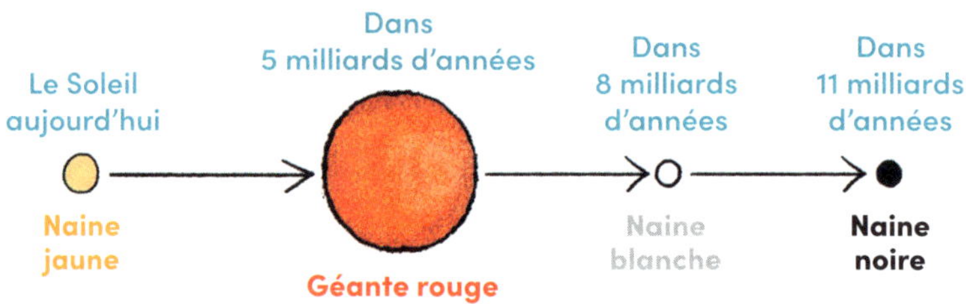

Illustration : Mathilde Courtès

Qu'est-ce que la Renaissance ?

Un historien définit la Renaissance comme « la grande marche en avant de l'Europe aux xve et xvie siècles ». C'est une période où les gens vivent mieux, où les sciences se développent, où les échanges se multiplient, où les artistes prennent plus d'importance dans la société. L'invention de la presse d'imprimerie par Gutenberg et le voyage de Colomb vers l'Amérique sont deux faits marquants de la Renaissance.

Comment J. K. Rowlings est-elle devenue si célèbre ?

Joanne Kathleen Rowling est une romancière anglaise, connue pour avoir écrit la série des *Harry Potter*. Les 7 tomes des aventures du jeune sorcier ont paru entre 1997 et 2007 et ont vite remporté un énorme succès. Ils ont été traduits en 80 langues et vendus à plus de 500 millions d'exemplaires dans le monde. Les films adaptés des romans ont accru sa célébrité.

Pourquoi y a-t-il plusieurs États aux États-Unis ?

Avant la déclaration d'indépendance des États-Unis, le 4 juillet 1776, il existait 13 colonies britanniques, situées sur la côte atlantique de l'Amérique du Nord.
Ces territoires se sont unis et ont adopté une Constitution commune en 1787. C'était la naissance de la Fédération des États-Unis. À partir du XIXe siècle, cette Fédération a étendu son territoire en rachetant des terres comme la Louisiane, ou bien en les ayant conquises par la force comme le Texas. Ainsi, 37 autres États ont rejoint la Fédération. Aujourd'hui, les États-Unis regroupent 50 États, plus le district de Washington, la capitale fédérale.
Le drapeau américain résume cette histoire. Il est composé de 13 bandes horizontales rouges et blanches qui représentent les 13 États fondateurs et de 50 étoiles blanches qui symbolisent tous les États. On le surnomme « Stars and Stripes » (étoiles et rayures).

Qui est le premier humain ?

C'est *Homo habilis.* Ce bipède vivait il y a environ 2,5 millions d'années, en Afrique de l'Est. Son nom veut dire « homme habile » parce qu'il fabriquait des outils simples.

Comment reconnaître une tortue mâle d'une tortue femelle ?

On peut connaître le sexe d'une tortue à partir de ses 5 ans. Mais ce n'est pas évident de déterminer si c'est un mâle ou une femelle ! Des indices permettent de le deviner. Chez le mâle, la partie ventrale de la carapace, le plastron, est creuse, et cela facilite l'accouplement. En général, une tortue femelle est plus grosse qu'une tortue mâle. Chez les tortues d'eau, les griffes des pattes avant sont plus longues chez le mâle.

Pourquoi Napoléon II n'a pas existé ?

Il a existé, mais on le connaît peu. Ses parents sont Napoléon Ier et l'impératrice Marie-Louise. Né le 20 mars 1811 et prénommé François Charles-Joseph, il porte le titre de roi de Rome. Quand son père quitte le pouvoir en 1815, il devient Napoléon II pour quelques jours. Mais il ne règne pas et meurt à 21 ans.

De quoi se nourrissent les papillons l'hiver ?

De rien ! En hiver, les papillons ne peuvent pas trouver leur nourriture préférée, le nectar produit par les fleurs. Les rares papillons qui passent l'hiver sous leur forme adulte se cachent à l'abri de leurs prédateurs. La plupart subsistent sous forme d'œuf, de chenille ou de nymphe. Quelques-uns migrent vers des pays plus chauds.

Comment la nature recycle-t-elle les déchets ?

Dans la nature, les « déchets » sont surtout des débris de plantes, comme les feuilles mortes. Celles-ci s'accumulent sur le sol et forment une couche qu'on appelle la litière. La litière joue de nombreux rôles dans la nature. Elle fonctionne comme une éponge : elle stocke l'eau de pluie et maintient le sol humide. La litière abrite aussi des petites bêtes, des champignons et des bactéries. Tous se nourrissent de ces déchets, les digèrent puis font des crottes. Ces crottes forment une sorte de terre : l'humus. **L'humus fournit des éléments essentiels aux plantes.** Ces plantes se développent et produiront à leur tour des déchets...

Qui a inventé le premier jeu électronique ?

En 1967, Ralph Baer, appelé «le père des jeux vidéos», invente un jeu, le Pong, inspiré du tennis de table. En 1972, l'Américain Nolan Bushnell crée la société Atari et fait de Pong le premier jeu vidéo grand public. C'est la première fois qu'un jeu demande beaucoup d'adresse et affiche les scores à l'écran.

Pourquoi la mairie s'appelle-t-elle hôtel de ville ?

Parce que le mot «hôtel» vient du latin hospitales, qui signifie «donne l'hospitalité». Pour cette raison, un hôtel est un bâtiment public où les gens peuvent être accueillis. Dans une ville, un «hôtel de ville» est la mairie, un «hôtel de police» est un commissariat, et un hôpital reçoit les malades.

Est-ce que le monstre du Loch Ness est une légende ?

Le monstre du Loch Ness, surnommé Nessie, est une légende. Il y a plus de 2 000 ans, les Celtes pensaient qu'un dragon gardait un trésor au fond du lac Loch Ness, en Écosse. Il y a 1500 ans, on racontait aussi qu'un moine irlandais, saint Colomban, avait vu surgir un monstre des profondeurs de ce lac. Puis, en 1934, une photo du monstre du Loch Ness a été publiée dans un journal. Le monde entier a cru avoir enfin la preuve de l'existence de Nessie. Mais, en 1994, le photographe a avoué avoir truqué son image ! Alors, cette étrange créature ressemblant à la fois à un serpent, un poisson et un dinosaure a-t-elle vraiment existé ? En 2003, le lac a été fouillé avec des appareils de recherches sous-marines et... on n'a rien trouvé !

Pourquoi les Chinois mangent-ils avec des baguettes ?

Il existe au moins deux explications. **Dans la cuisine orientale, les aliments sont coupés en petits morceaux, faciles à saisir à l'aide de baguettes.** Et le bambou est répandu en Chine. C'est pratique : on en casse une branche et l'on utilise pour attraper de la nourriture sans se brûler les doigts. Dans le monde, près d'une personne sur trois mange avec des baguettes.

Est-ce que les poules ont des oreilles ?

Comme tous les oiseaux, les poules ont des oreilles… cachées sous leurs plumes. Elles sont situées à l'arrière des yeux. Les oiseaux n'ont pas de pavillon externe autour de leur oreille, contrairement aux humains et à d'autres mammifères. Ils ont juste un « trou » en forme d'entonnoir, le conduit auditif. Les poules ont une ouïe bien développée : elles repèrent ta voix quand tu viens leur donner à manger !

Le yéti existe-t-il vraiment ?

Le yéti serait un être ressemblant à un humain préhistorique, vivant sur les pentes enneigés de l'Himalaya. Depuis plus d'un siècle, des explorateurs ont dit avoir trouvé les traces de ses pas, de ses poils ou de ses crottes. Pourtant, aucune observation scientifique n'a encore prouvé l'existence de cette mystérieuse créature.

Qui a lancé la Révolution française ?

Le 14 juillet est le jour de la Fête nationale française. Des feux d'artifice sont lancés dans tout le pays. Cet événement a marqué le début de la Révolution française. En 1789, le roi Louis XVI règnait sur la France. Le peuple avait faim et trouvait les impôts trop lourds. Quand le prix du pain a augmenté encore, au mois de juillet 1789, les Parisiens se sont révoltés. Le roi a pris peur et a encerclé Paris avec des soldats. Le 14 juillet 1789, le peuple parisien a alors marché vers le dépôt d'armes des Invalides et s'est emparé de fusils et de canons. Puis il a attaqué la prison de la Bastille où était stockée la poudre pour faire fonctionner ces armes. Après des combats violents, les Parisiens ont pénétré dans cette forteresse et ils ont tué son gouverneur. La Révolution était lancée.

Comment le figuier fait-il des fruits sans fleurir ?

En fait, le figuier a des fleurs, mais elles ne sont pas visibles, car elles sont enfermées à l'intérieur des jeunes figues. Elles sont pollinisées par une petite guêpe, le blastophage, qui naît dans certaines figues et va pondre dans d'autres. En fin d'été, quand nous mangeons les figues, rassure-toi, elles ne contiennent plus le blastophage !

Quelle est la plus grosse fleur du monde ?

C'est la rafflésie qui pousse en Asie du Sud-Est. Sa fleur atteint 1 mètre de diamètre et pèse de 8 à 10 kilos. Cette plante, sans tige ni feuilles, pompe la sève des racines d'une liane. Mais la rafflésie dégage une odeur de viande pourrie ! En France, le cytinet est de la même famille mais sa fleur mesure 2 centimètres.

Comment les hiboux parviennent-ils à retourner leur tête ?

Les hiboux ont un cou très souple, qui leur permet cette rotation extrême. Il est parcouru par deux larges artères qui alimentent le cerveau, quelle que soit la position. En faisant tourner leur tête de 270°, les hiboux (les chouettes aussi) élargissent leur champ de vision, car leurs yeux ne bougent pas. Et ils peuvent même retourner leur tête de haut en bas (comme sur la photo). Trop forts !

Crédits photos

P.5 : National Library of Scotland / Wikimédia. P.7 : © Adobe stock P.11: © Jean Fouquet - Bibliothèque nationale de France / Wikimédia P.13 : © Tamara Kulikova / Adobe stock P.17 : © Taolmor / Adobe stock P.19 : © Renigald Arthur / Wikimédia P.21 haut : © Taolmor / Adobe stock P.21 bas : © Bublik Haus / Adobe stock P.23 : © Liaurinko / Adobe stock P.25 : © Sforzza / Adobe stock P.26 : © Artush / Shutterstock P.27 : © chaossart / Adobe stock P.29 : © Kai / Adobe stock //JoanneStrell / Shutterstock (bas) P. 31 : © albertogennari P.32 : © titiya / Adobe stock P. 33 : © Photocreo Bednarek / Adobe stock (haut) // Marie-Lan Nguyen / Wikimédia (bas) P.34 : © Leonid Nyshko / Adobe stock P.35 : © Everett Collection / Shutterstock P.37 : © Ernie Cooper / Adobe Stock (haut) // © Leonid Nyshko / Adobe Stock (bas) P.39 : © OM Photo / Shutterstock P.41 : © Alfredo / Adobe Stock P.42 : © Archivist / Adobe Stock P.43 : © NASA P.45 © Дарина Павліха / Adobe stock P.47 : © Gary Saxe / Adobe stock P.48 : © volff / Adobe stock P.49 : © Anonyme / Wikimédia P.50 : © Alena Ozerova / Adobe stock P.51 : © Bernard Spragg / Wikimédia P.53 : © P. Klimek / Adobe stock P.55 : © Yanto Dimitrov / Shutterstock P.57 : © Union pour le suffrage des femmes / Wikimédia P.59 : © United States Air Force / Wikimédia P.61 : © Lamio / Adobe stock P.63 : © Svyatoslav Balan / Adobe stock (haut) // Liam Quinn / Wikimédia (bas) P.65 : © Alex / Adobe stock P.67 : © Elizabeth Ruggiero / Adobe stock P.69 : © NOAA Photo Library / Wikimédia P.70 : © Antonio Gravante / Adobe stock P.71 : © Przemyslaw Iciak / Adobe stock (haut) // Artsiom P. / Adobe stock (bas) P.72 : © Krakenimages.com / Shutterstock P.73 : © USAMHI / Wikimédia P.75 : © Pierart dou Tielt / Wikimédia P.77 : © Anonyme / Wikimédia P.79 : © Eric Issele'e / Adobe stock P.81 : © P. Oliveira/Alamy/Hémis P.83 : © Jo Crebbin / Shutterstock P.85 : © Unknown author / Wikimédia P.87 : © Yann Venerie / Adobe stock P.89 : © schankz / Adobe stock (haut) // © Kevin Carden / Adobe stock (bas) P.91 : © HTO / Wikimédia P.93 : © Philip / Adobe stock P.95 : © Robster1983 / Wikimédia P.97 : © Levent Konuk / Shutterstock P.99 : © Denis LUyten / Wikimédia P.101 : © Yuan Zhongyi / Wikimédia P.102 : © Casther / Adobe stock P.103 : © Daylight 9899 / Wikimédia P.105 : © NASA P.107 : © Chloé Guyot P.109 : © Chrispo / Shutterstock P.111 : © Sailing Away / Adobe Stock (chouette) // © Torsade de Pointes / Wikimédia (hibou) P.113 : © G. Japol / Adobe Stock P.115 : © Acento Creativo / Adobe Stock P.117 : © EdNurg / Adobe Stock // © chabe01 / Wikimédia (bas) P.118 : © OceanProd / Adobe Stock P.119 : © Rowlan Scherman - Adam Cuerden / Wikimédia P.121 : © Hector / Adobe Stock P.122 : © mariesacha / Adobe Stock P.123 : © Wikielwikingo / Wikimédia P.125 : © Austin / Adobe Stock (haut) // © Jean Louis Forain / Wikimédia (bas) P.127 : © Hiroyuki / Adobe stock (haut) // © Neirfy / Adobe stock (bas) P.128 : © Royal Library of Turin / Wikimédia (Léonard de Vinci, en haut) // © Leonardo da Vinci / Wikimédia (croquis, au milieu) // © C2RMF / Wikimédia (La Joconde, en bas) P.130 : © Arnaldo Jr / Shutterstock P.131 : © Snehit / Adobe stock P.133 : © Victoria Paladiy / Shutterstock P.135 : © Kara / Adobe Stock P.137 : © Tayvay/ Shutterstock P.138 : © Margarete Steiff - Missouri Historical Society / Wikimédia P.139 : © Marcin Babul / Shutterstock P.141 : © Stmax113 / Adobe Stock P.143 : © HJ. Janda/ Adobe Stock P.145 : © Jack Downey / U.S. Office of War Information / Wikimédia P.147 : © Gerald Villena / Adobe stock P.149 : © Drimafilm / Adobe Stock P.151 : © NASA P.153 : © Delkoo / Adobe Stock P.155 : © Milton H. Greene / Wikimédia P.157 : © A. Stemmer/ Adobe Stock P.159 : © 4kclips / Adobe Stock P.161 : © Hyppolyte Flandrin / Wikimédia P.163 : © Ktsharpie / Wikimédia P.165 : © National Park Service Digital Image Archives / Wikimédia P.167 : © Tony Hisgett / Wikimédia P.69 : © Konkoratio/ Shutterstock P.171 : © Charles Russell Collection, NARA. / Wikimédia P.173 : © Jim Ross - NASA Dryden Flight Research Center P.175 : © Byrdyak / Adobe stock P.177 : © Manuel Milan / Adobe stock P.179 : © Provincial Archives of Alberta / Wikimédia P.181 : © mode_list / Adobe stock P.183 : © PhotoLoren / Adobe stock P.185 : © British Museum / Wikimédia P.186 : © gonzalocalle / Adobe stock P.187 : © Делфина / Wikimédia P.189 : © Pykodelbi / Adobe stock (haut) // © Agarianna / Adobe stock (bas) P.190 : © As13Sys Lucie / Adobe stock P.191 : © Lucie / Adobe stock P.193 : © NASA P.195 haut: © Érik Franck P.195 bas : © Lapis2380 / Adobe stock P.196 : © Constantincornel / Adobe stock P.197 : Photo : © Pierre / Adobe stock // Illustration: © topvectors / Adobe stock P.199 : © zenobillis / Adobe stock (haut) © Hyacinthe Rigaud / Wikimédia (au milieu, Louis XIV) // © Francois Gérard / Wikimédia (en bas, Napoléon Ier) P.201 : Carte Image doc P.202 : Illustration : © Uiliaaa / Adobe stock P.203 : © Soil Paparazzi / Adobe Stock // © Henrik Larsson / Adobe Stock (collembole) // © Perytskyy / Adobe Stock (lombric) P.205 : Illustration: Good Studio / Adobe stock // photo : © Svetazi / Adobe stock P. 207 : © Maizal / Adobe stock (en haut) // © Mirko Graul / Adobe stock (en bas)